80 Jahre Beginn des Zweiten Weltkriegs

Dokumentation einer Vortragsreihe
der Evangelischen Stadtakademie Bochum
vom 31. August – 1. September 2019

Evangelische Perspektiven
Schriftenreihe der Evangelischen Kirche in Bochum
in Zusammenarbeit mit der Evangelischen Stadtakademie Bochum

In der Schriftenreihe sind bisher 15 Hefte erschienen.
Weitere Informationen im Internet unter
www.stadtakademie.de/publikationen/ev-perspektiven.html

Heft 15:
80 Jahre Beginn des Zweiten Weltkriegs
Dokumentation einer Vortragsreihe der Evangelischen Stadtakademie Bochum
vom 31. August – 1. September 2019

Herausgegeben von Arno Lohmann
ISBN 9783751906616

Evangelische Kirche in Bochum
Westring 26a, D-44787 Bochum
Telefon 0234-962 904-0
http://www.kirchenkreis-bochum.de

Das vorliegende Heft ist zu beziehen bei:
Evangelische Stadtakademie Bochum
Westring 26a, D-44787 Bochum
Telefon 0234-962904-661
office@stadtakademie.de
http://www.stadtakademie.de

80 Jahre Beginn des Zweiten Weltkriegs

Dokumentation einer Vortragsreihe
der Evangelischen Stadtakademie Bochum
vom 31. August – 1. September 2019

Mit Beiträgen von

Annette Kurschus
Bernd Faulenbach
Günter Brakelmann
Jürgen Larys
Dieter Beese
Norbert Friedrich
Traugott Jähnichen
Hans Misselwitz
Ludwig Kaiser
Arno Lohmann

Herausgegeben von Arno Lohmann

Verlag Books on Demand GmbH, Norderstedt

Bibliografische Information der Deutschen Bibliothek:
Die Deutsche Bibliothek verzeichnet diese Publikation in der Deutschen Nationalbibliografie;
detaillierte bibliografische Daten sind im Internet unter www.dnb.de abrufbar.

1. Auflage April 2020
© beim Herausgeber
Redaktion: Arno Lohmann
Gestaltung: Q3 design GbR, Dortmund

ISBN 9783751906616

Herstellung und Verlag:
BoD – Books on Demand GmbH
In de Tarpen 42
D-22848 Norderstedt
Telefon (+49) 0 40 - 53 43 35 - 0
Telefax (+49) 0 40 - 53 43 35 - 84
Web: www.bod.de
e-Mail: info@bod.de

Inhalt

Arno Lohmann

Vorwort

Der große Zuspruch zu der Veranstaltungsreihe, mit der 2014 die Evangelische Stadtakademie an zwölf Abenden hintereinander an den Ersten Weltkrieg vor 100 Jahren erinnerte[1], hat uns ermutigt, im Jahr 2019 mit einem ähnlich kompakten Veranstaltungsformat an den Beginn des Zweiten Weltkriegs vor 80 Jahren zu erinnern. In der Woche vom 25. August bis zum 1. September 2019 umfasste diese neue Reihe einen Friedensgottesdienst und fünf Vorträge in der Pauluskirche der Kirchengemeinde Bochum und schloss mit einer Kanzelrede in der Melanchthonkirche der Kirchengemeinde Wiemelhausen im Rahmen des dort jährlich begangenen „Tag des Friedens" am 1. September.

Die Reihe widmete sich nicht dem gesamten Zweiten Weltkrieg – wie könnte sie auch –, sondern konzentrierte sich auf den Beginn des Krieges, untersuchte die genauen historischen Umstände, die ihn herbeigeführt haben, die Vorbereitungen zu diesem von Deutschland bereits seit 1933 gewollten Krieg, die NS-Polen-Politik mit dem Überfall auf Polen und den Beginn des Krieges gegen die Sowjetunion, die beide von Anfang an als Vernichtungskriege geführt wurden. Die Reihe fragte nach der Mitverantwortung der Kirche und der Rolle der Wehrmachtseelsorge im Krieg und untersuchte, wie die Kirche nach dem Krieg mit ihrer Schuld umgegangen ist. Im letzten Vortrag warf sie den Blick auf den langen Schatten des Krieges über dessen Ende hinaus bis zu den Zwei-plus-Vier-Verhandlungen im Jahr 1990.

Diese Reihe wird hier als Band 15 der Schriftenreihe Evangelische Perspektiven dokumentiert.

---

[1] Arno Lohmann (Hg.), Die Illusion vom Krieg. Der Erste Weltkrieg als kulturgeschichtlicher Umbruch. Mit Beiträgen von Hans-Jürgen Benedict, Günter Brakelmann, Bernd Faulenbach, Horst Friedrichsmeier, Ludger Joseph Heid, Traugott Jähnichen, Gerd Krumeich, Harro Müller-Michaels, Hartmut Schröter und Rudolf Tschirbs, Ev. Persp. Heft 7, 188 S., Bochum 2016.

Zusätzlich haben wir zwei Beiträge aufgenommen:

In einem Gottesdienst am 31. August 2019 feierte die Präses der Evangelischen Kirche von Westfalen, stellvertretende Vorsitzende und Beauftragte für die deutsch-polnischen Beziehungen des Rates der Evangelischen Kirche in Deutschland (EKD), Dr. h.c. Annette Kurschus, gemeinsam mit dem Präsidenten des Polnischen Ökumenischen Rates, Bischof Jerzy Samiec, in der Warschauer Trinitatiskirche einen ökumenischen Gottesdienst zum Gedenken an den Beginn des Zweiten Weltkriegs. Dass es nach einem jahrzehntelangen Prozess der Friedens- und Versöhnungsarbeit zwischen Deutschland und Polen 80 Jahre danach endlich möglich war, dieses Gedenken in einem Gottesdienst gemeinsam zu begehen, kann als Zeichen der Aussöhnung über Grenzen hinweg nicht hoch genug bewertet werden. Einen Tag später, am 1. September, hielt Präses Kurschus in der Bochumer Christuskirche ihre Rede in Deutschland: *„Wenn dein Kind dich morgen fragt …“: Zur Kraft der Erinnerung*. Ihre Rede haben wir hier den Vorträgen vorangestellt.

Ebenfalls zusätzlich aufgenommen haben wir einen Vortrag von Dr. Norbert Friedrich über die Rolle der kirchlichen Diakonie im Zweiten Weltkrieg.

Den Auftakt bildet ein Vortrag des Bochumer Zeithistorikers Professor Bernd Faulenbach, *Etappen und Ziele deutscher Hegemonial- und Vernichtungspolitik im Zweiten Weltkrieg*. Hier wird der politische Prozess analysiert, der zum Zweiten Weltkrieg führte. Es wird deutlich, dass es dem nationalsozialistischen Deutschland von Beginn an und nicht erst mit dem Überfall auf Polen um weit mehr als um die Revision des Systems von Versailles ging. Vieles spricht dafür, dass sich die Hauptziele der NS-Politik insbesondere in der Eroberungs-, Besatzungs- und Vernichtungspolitik im Osten zeigten.

Der Nationalsozialismus hat damit sein eigentliches Wesen im Zweiten Weltkrieg herausgebildet, dem Krieg, der Deutschland, Europa und die Welt in unvergleichlicher Weise verändert hat und bis heute –

zusammen mit den während des Krieges verübten Verbrechen – den wohl wichtigsten negativen Bezugsrahmen unseres politischen Denkens bildet.

Auf diese grundlegende Analyse folgt der Blick auf das Verhalten der evangelischen Kirche vor 80 Jahren. In den Jahren von 1939 bis 1941 hat der deutsche Protestantismus durch seine offizielle Reichskirche, durch seine verschiedenen Verbände und durch die Bekennende Kirche in verschiedenen Verlautbarungen theologische und politische Stellung zum Krieg bezogen. Es ergibt sich im Ganzen ein widersprüchliches Bild. Neben einer vorbehaltlosen Zustimmung zur Kriegspolitik Adolf Hitlers hat es differenzierende Stellungnahmen von kirchlichen Gruppen und von einzelnen Theologen gegeben. Von einmaliger Klarheit waren die Vorträge des jungen Pfarrers Günther Jacob, die aus der Fülle der nationalprotestantischen Identifizierungen mit den Zielen der nationalsozialistischen Kriegsinterpretation herausragen. Die weit überwiegenden *Kirchlichen Äußerungen in den Kriegsjahren 1939 bis 1941*, die Professor Günter Brakelmann in seinem ersten Beitrag in dieser Reihe zusammengestellt hat, sind aus heutiger Sicht von unvorstellbarer Verblendung gekennzeichnet. Sie wurden am Vortragsabend durch die Rezitation des Schauspielers Jürgen Larys, vom Bochumer artENSEMBLE THEATER, eindrücklich unterstrichen. Sie sind *kursiv* abgedruckt.

Professor Dieter Beese fokussiert die Frage der Mitverantwortung der Kirche auf den Bereich der Wehrmachtseelsorge: *Kirche im Krieg. Die evangelische Wehrmachtseelsorge im Zweiten Weltkrieg.* Die evangelische Kirche war (wie die römisch-katholische) mit ihrer Wehrmachtseelsorge tief in die militärischen und ideologischen Kämpfe des Zweiten Weltkriegs einbezogen. Wie in einem Brennglas werden im Bereich der Wehrmachtseelsorge die Probleme sichtbar, mit denen eine Kirche im Krieg konfrontiert ist. Der Vortrag gibt Einblicke in die strukturelle und mentale Einbindung der Seelsorge in Staat, Armee und Zivilkirche und vermittelt einen Einblick in Ausstattung, Tätigkeit und Gewissenskonflikte der Kriegspfarrer. Er fragt darüber hinaus, wie die Kirche nach dem Krieg mit ihrer Schuld umgegangen ist.

Wie oben erwähnt, folgt hier der Beitrag von Dr. Norbert Friedrich, *Verbandsprotestantismus und Zweiter Weltkrieg*, der ursprünglich nicht Teil der Vortragsreihe war. Friedrich untersucht die Rolle der kirchlichen Diakonie, des größten kirchlichen Betätigungsfeldes im Krieg. Trotz anfänglicher Zurücksetzung gegenüber den NS-Einrichtungen führten der Krieg, die Kriegserfolge der ersten Jahre und dann die gemeinsamen Erfahrungen des Bombenkriegs zu einem engen Zusammenrücken des Volkes und einer Akzeptanz diakonischer Einrichtungen. Die einzelnen Einrichtungen konnten in der Regel den Kern der Arbeit und ihren eigenen Bestand sichern, nicht zuletzt durch eine kirchenpolitische Abstinenz ihrer Führungsfiguren. Friedrich belegt, wie eine durchgängige Orientierung der meisten diakonischen Einrichtungen an der Obrigkeit mit theologischen Kriterien begründet wurde.

In einem weiteren Schwerpunkt fragte die Reihe nach den Folgen des Krieges. Der Vortrag von Professor Traugott Jähnichen, *Schuldverstrickungen – Zum Umgang mit Schuld im deutschen Protestantismus nach 1945*, erläutert, welche Schwierigkeiten die Kirche hatte, die in der NS-Zeit und insbesondere im Zweiten Weltkrieg von Deutschen und im Namen Deutschlands begangene Schuld nach 1945 öffentlich zu thematisieren und zu bekennen.

Diese Frage war in der Kirche heftig umstritten. In Deutschland hat allerdings nur die Evangelische Kirche – unter dem „sanften Druck" von Vertretern der Ökumene – ein Schuldbekenntnis abgelegt, wenngleich in einer recht allgemeinen Form. Während viele im Protestantismus damit das Thema für erledigt hielten, hat eine Minderheit von Theologen und engagierten Laien versucht, die Frage der Bewältigung der Schuld im kirchlichen und im öffentlichen Bewusstsein wach zu halten. Dieses komplexe Feld des kirchlichen Umgangs mit den Schuldverstrickungen in der NS-Zeit wird rekonstruiert und in der Bedeutung für die weitere Entwicklung der evangelischen Kirchen diskutiert.

Auf der politischen Ebene hat der Zweite Weltkrieg die deutsche und europäische Politik maßgeblich und nachhaltig bestimmt und zementierte ein politisches Denken in Machtblöcken. Dieser lange Schatten des Krieges existierte mindestens bis hin zum Frieden von 1990 nach dem sog. „Zwei-plus-Vier-Vertrag". In seinem Vortrag *Der Friedensschluss von 1990 und die langen Schatten des Zweiten Weltkriegs* erläutert Dr. Hans Misselwitz, der Leiter der Delegation der DDR bei den Zwei-plus-Vier-Verhandlungen, der zum Abschluss unserer Vortragsreihe gewonnen werden konnte, wie sehr die deutsche Wiedervereinigung nur im Kontext der Politik der Siegermächte möglich war.

Als mit dem Fall der Mauer die „deutsche Frage" wieder auf die Tagesordnung kam, hielten die Alliierten des Zweiten Weltkriegs noch immer die Schlüssel zur Lösung in der Hand. Der Kalte Krieg hatte die Frage eingefroren, ob es wieder ein großes Deutschland geben sollte, dessen Wirken sich für Europa so verhängnisvoll erwiesen hatte. Dass sich diese Frage 1990 als ein Aspekt des demokratischen Aufbruchs im Osten Europas stellte, eröffnete die Chance, als Antwort auf die deutsche Vereinigung, die europäische Einigung zu sehen. Heute erleben wir neue Spaltungen in Europa. Vor diesem Hintergrund taucht auch die Frage nach der deutschen Verantwortung immer wieder auf.

Ohne ihre historischen Verbindungen können weder die deutschen noch die europäischen Aufgaben der Gegenwart und Zukunft verstanden und erst recht nicht gelöst werden.

Der „Frieden" – (bleibt) ein nie erledigtes Thema. Mit dieser programmatischen Kanzelrede von Professor Brakelmann am 1. September in der Melanchthonkirche schloss unsere Veranstaltungsreihe. Musik von Johann Sebastian Bach und Olivier Messiaen, auf der Orgel vorgetragen von Kantor Ludwig Kaiser, schaffte im Überschreiten konkreter politischer Überlegungen einen Raum zum Innehalten, verlieh dem eigenen Erleben und dem Protest gegen Krieg und Gewalt Ausdruck.

Die Predigt von Pfarrer Arno Lohmann aus dem Friedensgottesdienst zum Beginn der Reihe am 25. August über die Jahreslosung 2019, „Suche Frieden und jage ihm nach" (Ps. 34,15) ist hier den Beiträgen nachgestellt.

Fazit: Aufgabe von Christen und Kirche ist es, sich in den Dienst des Abbaus von Kriegsursachen zu stellen und sich für zwischenstaatliche und internationale Vereinbarungen zur Friedenssicherung einzusetzen. Sie wissen um die Bereitschaft von Machtmenschen und Machtkollektiven zur innen- und außenpolitischen Herrschaft über Menschen und Völker wie zu ihrer Unterdrückung und Ausbeutung. – Wie sich diese Tendenzen aber definitiv eingrenzen lassen, auch wenn sie nicht endgültig überwunden werden können, wie man mit ihnen und zugleich gegen sie leben kann und muss – ist die bleibende Friedensverantwortung einzelner, für Politik und Kirche.

Präses Dr. h.c. Annette Kurschus und allen Autoren gehört unser herzlicher Dank für ihre Vorträge und Redemanuskripte. Ich danke Prof. Günter Brakelmann und Prof. Dieter Beese für die Initiative und Planung dieser Reihe und für die wie immer produktive Zusammenarbeit. Mein Dank gehört allen Mitwirkenden bei den Veranstaltungen, den Kirchengemeinden Bochum und Bochum-Wiemelhausen für ihre Gastfreundschaft in der Pauluskirche und der Melanchthonkirche sowie dem Kirchenkreis Bochum, namentlich Superintendent Dr. Gerald Hagmann für die Förderung dieses Bandes.

Bochum, im März 2020
Arno Lohmann

Annette Kurschus

„Wenn dein Kind dich morgen fragt …“: Zur Kraft der Erinnerung[2]

I.

Als die Menschen am Morgen des 1. September 1939 erwachten, meine sehr verehrten Damen und Herren, war nichts mehr wie zuvor. Buchstäblich über Nacht. Für Polen und für Deutschland, für Europa und wenig später für die ganze Welt. Genau achtzig Jahre ist es her. Als polnische Freischärler getarnt überfällt eine Truppe deutscher Offiziere in einem nächtlichen Manöver den Radiosender Gleiwitz. Die „Schleswig-Holstein“ liegt in Danzig vor Anker – auf Besuch, wie es heißt – und eröffnet das Feuer. Ein Angriff ohne jede Vorwarnung. Die Stadt Wielun fällt im Hagel deutscher Bomben, während alles schläft. „Ab jetzt wird zurückgeschossen!“ Eine erste infame Lüge, die eigene Kriegsschuld ins Gegenteil verkehrt. Sechs Jahre später sind 60 Millionen Menschen tot, in Kellern verbrannt, in Schützengräben gefallen, in Konzentrationslagern ermordet. Von unserem Land ging dieses Grauen aus. Es brachte unsägliches Leid über Europa und die Weltgemeinschaft und traf nicht zuletzt auch die eigene Bevölkerung. Kaum ein Menschenleben liegt das alles zurück. Es wirkt bis heute, träufelt sein Gift in einzelne Seelen und in internationale Beziehungen. Die Nachwirkungen und Nebenwirkungen sind immens. Im Bewusstsein. Und viel stärker noch im Unterbewussten und Vergessenen, im Verdrängten oder Geleugneten.

Wir erinnern uns an das, was war.

Sich erinnern ist keine leichte Übung. Es rührt an empfindliche Wunden, es reißt an notdürftig verheilten Narben. Angesichts von Schuld und Scham, die ein Leben lang nicht verjähren; angesichts des Schweigens, das noch die Nachgeborenen lähmt.

---

[2] Rede anlässlich des 80. Jahrestages des deutschen Überfalls auf Polen 1939 am 1. September 2019 im Bochumer Rathaus am Platz des Europäischen Versprechens

Erschreckend laut melden sich derzeit wieder die Stimmen, die sich dem Erinnern verweigern und nach einem Schlussstrich rufen. Zu einem „Fliegenschiss der Geschichte" wird das Unfassbare weggelogen. Dumpfer Nationalstolz feiert neue Urstände. Ein gefährlicher Hohn ist das auf die acht Jahrzehnte sorgsamer Politik und hartnäckiger Diplomatie, die Kirche und Gesellschaft zwischen Deutschland und Polen inmitten eines zusammen-wachsenden Europa Schritt für Schritt befestigt haben. Schon vor bald zwanzig Jahren warnte der Schriftsteller und Shoa-Überlebende Elie Wiesel vor dem Deutschen Bundestag: „Wer sich dazu herbeilässt, die Erinnerung an die Opfer zu verdunkeln, der tötet sie ein zweites Mal." Sein Wort in unser aller Ohr.

II.

Was aber, wenn sich immer weniger Menschen erinnern können? Die meisten, die heute Verantwortung tragen, haben keine eigenen Erinnerungen an die Ängste und Abscheulichkeiten, an die Verführungen und Entbehrungen des Krieges. Ich selbst gehöre zu einer Generation, die bisher keinen Krieg am eigenen Leibe erfahren musste. Gott sei Dank! Wie kann ich, wie können wir uns erinnern – an einem Tag wie dem heutigen? Wie kann ich, wie können wir der Versuchung widerstehen, zu bewerten, zu verurteilen, es besser wissen zu wollen als die, die damals Verantwortung trugen?

Noch haben wir die Chance zu fragen.

Noch haben wir die Chance, Menschen zu fragen. Einige von ihnen leben noch. Menschen, denen der Krieg in den eigenen Gliedern steckt. Menschen, für die sich mit den gigantischen Zahlen der Geschichtsbücher eigene Geschichten verbinden; die in den Millionenangaben der Opfer einzelne Gesichter erkennen, unverwechselbare Schicksale.

Noch haben wir die Chance, Menschen beim Erzählen von damals zuzuhören. Wenn dich heute oder morgen dein Sohn (oder deine Tochter) fragen wird: „Was bedeutet das?", dann sollst du ihnen erzählen: So heißt es an einigen Stellen im Alten Testament der Bibel (vgl. Ex 13,14 und Dtn 6,20).

Auf diese Weise – durch Fragen und Erzählen und Erinnern – haben die Menschen des auserwählten Gottesvolks Israel seit mehr als zwei Jahrtausenden ihren Glauben an den einen HERRN weitergegeben, der auch unser christlicher Gott ist. Auf diese Weise ist in allem Schrecken Hoffnung lebendig geblieben. Bis heute.

Fragen, erzählen, erinnern.

Ich habe gefragt. Als Tochter meine Eltern; als Enkelin meine Großeltern; als Schülerin die Lehrerinnen und Lehrer; als Pastorin die Menschen, denen ich in der Gemeinde begegnete. Und alle haben erzählt.

Viele alte Männer von ihren Erlebnissen während des Zweiten Weltkriegs an der Front – und später in Gefangenschaft. Wie die Kameraden neben ihnen in Stücke zerfetzt wurden oder jämmerlich dahinsiechten – nicht als Helden! Die meisten von ihnen mit dem gequälten Schrei nach der Mutter auf den Lippen – oder nach der Ehefrau, oder nach Gott.

Meinen Großmüttern habe ich besonders oft und intensiv zugehört.

Schon früh entstand bei mir aus diesen Erzählungen eine Ahnung, wie das damals für die Frauen und Mütter war: Ganz auf sich gestellt, mit einer ungeheuren Last an Verantwortung.

Im südlichen Westfalen erlebte die eine den Krieg. Mit drei kleinen Kindern; in täglicher Sorge um das Nötigste zu essen; in dauernder Angst vor Fliegeralarm und Bombenangriffen; dazu die nagende Ungewissheit: „Was ist mit dem Ehemann und Familienvater? Wird er einigermaßen unversehrt zurückkehren? Werden wir uns überhaupt je wiedersehen?“ In Ostpreußen, in Königsberg, lebte die andere Großmutter. Der älteste ihrer drei Söhne musste mit 17 Jahren als Soldat an die Front. Ein halbes Kind noch. Sie hat ihn nie wiedergesehen. In einem russischen Lager ist er vermutlich verhungert. Dann die Flucht und mehrere Jahre Flüchtlingslager in Dänemark. Dort musste mein Vater als 15-Jähriger Särge zimmern; Särge für Kinder, die im Lager durch Hunger und Krankheit ums Leben kamen.

Viele von Ihnen wissen vermutlich ähnliche Familiengeschichten zu erzählen. Fragen und Erzählen ergeben sich durchaus nicht einfach so. Fragen und Erzählen müssen wir regelrecht üben. Manche der Jüngeren mögen nicht fragen, weil sie befürchten, geschönte Heldengeschichten zu hören. Manche der Älteren mögen nicht erzählen, weil sie befürchten, verurteilt zu werden: „Wie konntet ihr damals nur?"

So breitet sich hier und da ein Schweigen zwischen den Generationen aus; ein Schweigen, das uns nicht gut tut. Nur sehr vorsichtig und behutsam kann es durchbrochen werden. Weil Angst im Spiel ist – und Schmerz. Weil es mit Scham zu tun hat – und mit tiefer Verletzlichkeit.

Noch können wir fragen. Doch was, wenn sich niemand mehr erinnern kann? Was, wenn die Generationen unserer Eltern und Großeltern nicht mehr da sind? Dann wird es an uns sein, die Erinnerung wach zu halten und weiterzugeben. An uns, die wir den Krieg nur vom Hörensagen kennen.

III.

Wenn dich heute oder morgen dein Sohn (oder deine Tochter) fragen wird: „Was bedeutet das?", dann sollst du ihnen erzählen:

Als Christen fragen und erzählen wir nicht einfach um des Fragens und Erzählens willen – und weil man angeblich aus den Fehlern der Vergangenheit für die Zukunft lernt. Als Christen fragen und erzählen wir vielmehr im Licht einer großen Verheißung: Gott selbst erinnert sich. Der die Erde schuf und uns alle ins Leben rief, der wird zu einem guten Ziel führen, was er begonnen hat. Auch durch das massenhafte sinnlose Sterben von Millionen von Menschen hindurch.

Gott selbst erinnert sich. „Was ist der Mensch, dass du, Gott, seiner gedenkst?" (Psalm 8,5): So ruft der Psalmbeter aus. Und es ist, als ob er staunend fragte: Wie kann es sein, Gott, dass du in deiner Größe und Erhabenheit des Menschen gedenkst – trotz seiner furchtbaren Abgründe und Niederträchtigkeiten, trotz seiner Schuld und seines Versagens. Wie kann es sein, Gott, dass du an uns denkst, uns anschaust, nach uns siehst und uns nachsiehst? „Was ist der Mensch, dass du, Gott, seiner gedenkst?".

Erinnern beginnt nicht mit uns, es hat in Gott seinen Ursprung. Von ihm empfängt es seine heilsame Kraft. Wo Gott gedenkt, lässt er sich ein auf den Menschen und seine Geschichte. Wo Gott gedenkt, wendet er sich zu, schreitet helfend und heilend ein. In dieses heilsame Erinnerungsgeschehen ruft Gott uns Menschen hinein: Auf dass wir unser Leben und Handeln daran ausrichten und uns in die Pflicht nehmen lassen. So trägt die Erinnerung eine schöpferische Kraft in sich. Eine Kraft, die zurechtweist und zurechtrückt, die unser Handeln korrigiert und orientiert.

IV.

Gestern haben wir in Polen, in der Warschauer Trinitatiskirche, einen offiziellen, von EKD und Polnischem Ökumenischem Rat gemeinsam verantworteten Gedenk- und Friedensgottesdienst gefeiert. 1939 war die Kirche von einer deutschen Fliegerbombe zerstört und nach Kriegsende wiederaufgebaut worden. Noch vor einem Jahr schien es höchst ungewiss, wie und wo ein gemeinsames Gedenken möglich sein würde – und ob überhaupt. Die Debatten im Deutsch-Polnischen Kontaktausschuss, dem ich seitens der EKD vorsitze, waren anfänglich schleppend und mühsam. Die Bedenken insbesondere auf polnischer Seite öffneten mir in mancher Hinsicht die Augen: Zu unterschiedlich die Erinnerungskulturen in unseren beiden Ländern, bekamen wir zu hören; zu heikel momentan die politische Situation; zu wund bei vielen noch immer die Narben der Geschichte. Wenn wir, so hörte ich bei unseren kirchlichen Partnern als Hauptbefürchtung heraus, in einem öffentlichen Gottesdienst das Erinnern und die daraus wachsende Verantwortung so stark machen, spielen wir den Rechtsnationalisten in unserm Land in die Hände und schüren deren Reparationsforderungen.

Dass es dann doch zu einem gemeinsamen Gottesdienst kam, war die Frucht ehrlichen und mutigen gemeinsamen Ringens, feinfühliger Achtung voreinander, aufmerksamen Hinhörens und Zuhörens. Im Gottesdienst haben Menschen aus ihren Familiengeschichten erzählt. In ihrer deutschen oder polnischen Muttersprache. Von den allerersten, zaghaften und doch unbeugsamen Schritten der Versöhnung war die Rede, denen unsere Kirchen durch zahlreiche Initiativen und Projekte entscheidend den Weg be-reitet haben. Die so genannte „Ostdenkschrift" der EKD war ein Meilenstein auf diesem Weg. Jugendliche erzählten, wie sie sich heute für Versöhnung einsetzen in den unterschiedlichen Austauschprogrammen. Mich hat es tief bewegt, das gestern in seiner Dichte zu erleben. Da war sie unmittelbar zu spüren, jene schöpferische Kraft der Erinnerung.

„Was ist der Mensch, dass du, Gott, seiner gedenkst?" Erinnerung kann tatsächlich auf geheimnisvolle Weise verwandeln. Kein Stacheldraht hält sie im Zaum. Keine Mauer versperrt ihr den Weg. Keine Grenze schüchtert sie ein. Im Gegenteil. Wo man sie hindern will, sucht sie neue Wege, Brücken und Schlupfwinkel. Wo man sie einsperrt, nagt sie sich frei. Wo man sie klein hält, wächst sie über sich hinaus. Die Geschichte der Versöhnung nach den Schrecken des Nazi-Terrors, den unser Land schuldhaft über die Völker der Welt gebracht hat, gibt jener Kraft der Erinnerung ein schönes, ein europäisches Gesicht.

V.

Die Trinitatiskirche in Warschau ist – wie so viele Gedächtnisorte – kraft der Erinnerung zu einem Symbol geworden, zu einer Art Fingerzeig der Geschichte. Ähnliches gilt für die Christuskirche hier am Platz des Europäischen Versprechens in Bochum, was im Volksmund auch „Klein-Warschau" hieß. Bochum hat in der Geschichte der Polen in Deutschland bereits seit dem ausgehenden 19. Jahrhundert eine bedeutende Rolle gespielt. Eine große polnische Community, die der Nazi-Terror seit 1939 mit aller Härte traf, war hier zu Hause. Wie zwei ungleiche Geschwister erzählen „Trinitatis" in Warschau und „Christus" in Bochum die Geschichte eines Jahrhunderts auf unterschiedliche Weise.

Zwischen den Weltkriegen wurde der Eingang im Turm der Christuskirche als Gedenkhalle gestaltet. 1358 Namen von Kriegstoten aus 27 europäischen Staaten sind dort zu lesen. Liest man die Namen, erklingt halb Europa: Deutsch, russisch, französisch. Jeder dritte Name polnisch. Noch so ein Fingerzeig. Die Christuskirche wurde im Zweiten Weltkrieg komplett zerstört. Nur der Turm blieb stehen.

Was ist der Mensch, dass du seiner gedenkst? Beinahe 15.000 weitere Namen sind auf dem Vorplatz eingelassen. Sie gehören zu Menschen, die mit ihrem Namen und ihren Lebensgeschichten für Europa einstehen: Für seine Idee, für seinen Frieden, für seine Zukunft.

Auch darin lässt sie sich spüren, jene Kraft der Erinnerung. Zwischen „Trinitatis“ und „Christus“, zwischen „Groß-“ und „Klein-Warschau“. Eine verwandelnde Kraft, die auf Zukunft aus ist.

VI.

Wenn dich heute oder morgen dein Sohn (oder deine Tochter) fragen wird: Was wirst du sagen?

Achtzig Jahre nach dem Überfall und dreißig Jahre nach der Wende ist die Geschichte noch längst nicht zu Ende erzählt. Erinnern kennt nur einen Anfang. Sie braucht Menschen, die sie weitererzählen und mit eigener erlebter Erinnerung fortführen. Sie braucht uns.

Was, wenn dein Kind dich morgen fragt:

„Wie kann es sein, dass nach all den so sorgsam dokumentierten Verbrechen, nach all den kostbaren Errungenschaften im Versöhnungsprozess die Forderung laut wird nach einer ‚erinnerungspolitischen Wende um 180 Grad‘“?

„Wie kann es sein, dass eine unverhohlen rechtsradikale Partei mit ihrer Hetze gegen Geflüchtete und Andersgläubige wieder salonfähig ist, ja sogar erschreckend breiten Rückhalt in der Gesellschaft hat?“

„Wie steht es um die Versöhnungsarbeit zwischen Ost- und Westdeutschland, wenn die Slogans der Freiheitsbewegung als Wahlparolen einer reaktionären Politik dienen?“

Wenn unsere Kinder heute oder morgen so fragen – und ich hoffe, sie tun es! –, dann müssen wir diese Fragen sehr ernst nehmen. Vermutlich – auch das hoffe ich! – werden uns keine leicht fertigen und darin leichtfertigen Antworten auf der Zunge liegen.

Wir erleben in diesen Tagen eine Jugendbewegung, die beharrlich und mit Nachdruck die Frage nach der Zukunft stellt. Es reicht nicht, sie für ihre Fragen zu loben. Wir sind nach unserer eigenen Verantwortung gefragt.

Der die Erde schuf und uns alle ins Leben rief, der wird zu einem guten Ziel führen, was er begonnen hat.

Gott erinnert sich und gedenkt unser. Gott erinnert uns an seinen guten Willen. Geben wir also der Erinnerung Raum, liebe Brüder und Schwestern. Auf dass wir unser Heute besser verstehen lernen und Mut gewinnen, unser Morgen gemeinsam zu gestalten. Gott will uns und braucht uns für sein Friedensprojekt. In Deutschland und Polen, für Europa und die eine Welt.

Bernd Faulenbach

Etappen und Ziele deutscher Hegemonial- und Vernichtungspolitik im Zweiten Weltkrieg

Zu Thema und Fragestellungen

Es sind runde historische Jahreszahlen, die die öffentliche Auseinandersetzung mit Geschichte zu steuern scheinen: im Jahre 2019 standen bisher die Ereignisse vor 100 Jahren im Vordergrund: 100 Jahre Revolution und Demokratiegründung (nach dem Ersten Weltkrieg) in Deutschland und in anderen Ländern, 100 Jahre Pariser Vorortverträge (Versailles usw.), jetzt aber auch der Ausbruch des Zweiten Weltkriegs vor 80 Jahren, was die Frage des Verhältnisses zum Ersten Weltkrieg zu implizieren scheint – nur 20 Jahre nach Beendigung des Ersten Weltkriegs brach der in der Folgezeit an Opferzahlen und schrecklichen Geschehnissen den Ersten Weltkrieg weit übertreffende neue Weltkrieg aus. – Übrigens wird erinnerungskulturell schon in wenigen Monaten das Ende des Zweiten Weltkriegs in der öffentlichen Diskussion eine Rolle spielen – dann wird sein Ende (jedenfalls was die Kampfhandlungen angeht) 75 Jahre zurückliegen.

Ich möchte hier nicht über die problematischen Aspekte von Geschichtsbetrachtungen reden, die von runden Jahreszahlen ausgehen, zumal die historische Bedeutung des Zweiten Weltkriegs außer Zweifel steht. Allerdings ist darauf hinzuweisen: Wenn man „Zeitgeschichte" mit Hans Rothfels als die Geschichte der heute lebenden Generationen auffasst, dann muss man feststellen, dass dieser Zweite Weltkrieg inzwischen an den Rand der Zeitgeschichte zu rücken scheint. Nur noch eine vergleichsweise kleine Zahl von Menschen hat noch eine eigene Anschauung von den Kriegsereignissen. Als Angehöriger der ersten Nachkriegsgeneration darf ich jedoch sagen: auch für viele von uns behält der Zweite Weltkrieg eine lebenslange Bedeutung. Im Krieg geboren (und z.T. unterbewusst auch von diesem beeinflusst) wuchsen wir im Schatten der Trümmer auf und die Erwachsenen, die wir als Kinder erlebten, waren vielfach tief durch den Krieg geprägt. Die Nachwirkungen des Krieges waren jahrzehntelang lebendige Realität.

Die Nachkriegsgeschichte lässt sich geradezu in Perspektive auf die Folgen des Krieges und auf die Auseinandersetzung mit dem Krieg schreiben. Dabei wird sichtbar, dass sich das Bild des Krieges mit der Zeit verändert hat, das eigene Erleben und Erleiden des Krieges stand in Deutschland (wie übrigens in anderen Ländern auch) lange im Vordergrund, im Laufe der Jahre weitete sich der Blick, insbesondere trat der Holocaust in den Vordergrund, während die großen militärischen Auseinandersetzungen, das Geschehen an der Front, weniger der Bombenkrieg allmählich zu verblassen begannen – wobei in bestimmten Abständen die historischen Geschehnisse wieder in das grelle Licht des retrospektiven Interesses gerieten (manchmal evoziert durch mediale Impulse).

Natürlich wissen wir als Historiker über den vielschichtigen jahrelangen auf verschiedenen Schauplätzen ablaufenden Krieg inzwischen mehr als die Zeitgenossen wussten. Dennoch gibt es eine Reihe von Fragen, denen nachzugehen lohnend erscheint, da sie nach wie vor mehr oder weniger offen sind. Lassen Sie mich einige nennen:

– Inwieweit waren die Vorgeschichte des Zweiten Weltkriegs und der Kriegsausbruch durch die Auseinandersetzung um die Revision des Versailler Vertrages bestimmt?
– Welche Ziele verfolgten Hitler und NS-Deutschland während des Krieges (anders als im Ersten Weltkrieg gab es diesmal keine Kriegszieldiskussion) und inwieweit wandelten sich während des Krieges die Ziele?
– Wie lange bestimmten Hitler und die deutsche Politik das Kriegsgeschehen, seit wann reagierten sie auf einen Prozess mit zunehmender Eigendynamik?

– In welchem Verhältnis standen Krieg, Kriegsverlauf und Holocaust?
– Inwieweit war der Eroberungs- und Vernichtungskrieg der Krieg Hitlers und der NS-Führungsgruppen, inwieweit der Krieg der Deutschen in ihrer Mehrheit?

Zweifellos große Fragen, die z.T. nur gestreift werden können. Lassen Sie mich die Etappen der NS-Hegemonial- und Vernichtungspolitik in groben Schritten chronologisch beleuchten.
– Zunächst ist der zum Kriegsausbruch führende Prozess unter der Frage zu behandeln, inwieweit die NS-Politik von Anfang an auf den Krieg hinarbeitete,
– näher zu untersuchen ist dann der Charakter des Polenfeldzuges, inwieweit wurden hier Ziele der NS-Politik im Osten realisiert,
– knapp einzugehen ist in einem weiteren Schritt – nach einer Einordnung der Besetzung Dänemarks und Norwegens – auf die Bedeutung des Krieges im Westen, des Krieges gegen Frankreich und gegen Großbritannien aus der Sicht Hitlers und der Deutschen,
– nach einem flüchtigen Blick auf den Balkankrieg (inwieweit entsprang er deutschen strategischen Zielen) ist der Krieg gegen die Sowjetunion zu betrachten, er kann in besonderer Weise als Ausfluss der nationalsozialistischen Politik gelten,
– in einem ergänzenden Kapitel geht es um den Zusammenhang von Krieg und Holocaust sowie um den Holocaust als Ziel der NS-Politik.

Abschließend ist knapp
– nach Ursachen des Scheiterns zu fragen,
– die deutsche Hegemonial- und Vernichtungspolitik im Zweiten Weltkrieg in die europäische Geschichte einzuordnen sowie
– die Bedeutung des Krieges für Deutschland und Europa in der Gegenwart anzusprechen.

Dass die Etappen nur grob angerissen und die Fragen nur skizzenhaft behandelt werden können, bedarf in diesem einführenden Vortrag keiner besonderen Begründung.

Zur Vorgeschichte und zum Beginn des Krieges

Nur 20 Jahre nach Ende des Ersten Weltkriegs begann der Zweite Weltkrieg, was die vielfach gestellte Frage nach dem Zusammenhang zwischen den Kriegen aufwirft. Aus heutiger Sicht rücken beide Kriege zusammen; manche Betrachter wollen gar von zwei Phasen eines europäischen Bürgerkriegs sprechen. Doch determinierte der Erste Weltkrieg mit dem Versailler Frieden und den anderen Pariser Vorortverträgen keineswegs den Weg in den Zweiten Weltkrieg: eine Vielzahl von Entscheidungen und Verantwortlichkeiten lassen sich benennen, abgesehen davon, dass der Krieg mit Polen von Hitler bewusst herbeigeführt wurde.

Dennoch ist nicht zu bestreiten, dass die Versailler Friedensordnung nicht zur nachhaltigen Pazifizierung geführt hat. Der Versailler Friedensvertrag wurde nicht nur von der Rechten, sondern von allen Parteien (mit Ausnahme der Kommunisten) abgelehnt, allerdings in signifikant unterschiedlicher Sprache. Kriegsniederlage und Friedensvertrag wurden bald von der politischen Rechten den die Republik tragenden demokratischen Kräften angelastet – in völliger Verdrehung der historischen Tatbestände (was übrigens auch in anderen Verliererstaaten seine Parallele hat). Keine Frage, dass gleichwohl die Bestimmungen des Versailler Vertrages, nicht zuletzt die Reparationsforderungen, die Weimarer Demokratie belastet haben und andere politische Bereiche sogar zu ihrer Lösung instrumentalisiert wurden.

Hitler und die Nazis attackierten mit extremer Schärfe Versailles und die Demokratie, indem sie die verantwortlichen Akteure 1918/19 als Novemberverbrecher diffamierten.

Hitler versuchte 1933 (und in der Folgejahren) seinen Friedenswillen zu demonstrieren, verlängerte den Berliner Vertrag mit der Sowjetunion, vereinbarte das Konkordat mit dem Vatikan und schloss 1934 einen Nichtangriffspakt mit Polen ab. Andererseits aber trat nach Hitlers Machtübernahme das Reich aus dem Völkerverbund aus und beteiligte sich auch nicht weiter an der Abrüstungskonferenz – Ambivalenzen und taktische Bewegungen, die geeignet waren, die Ziele zu vernebeln, waren offensichtlich. Allerdings konnte schon bald nicht mehr offen über derartige Fragen gesprochen werden.

Die Hitlersche Außenpolitik betrieb dann schrittweise eine Korrektur der Bestimmungen des Versailler Vertrages, indem sie diese demonstrativ nicht mehr beachtete und gegen sie verstieß, was hier im Einzelnen nicht dargestellt werden kann.

1935 wurde der deutsche Wille zum militärischen Wiederaufstieg durch Wiedereinführung der allgemeinen Wehrpflicht bekundet (die 100.000-Mann Reichswehr war damit Geschichte); 1936 besetzten deutsche Truppen – gegen den Protest der Alliierten – das entmilitarisierte Rheinland.

Ein zweiter großer Komplex war der Anschluss Deutsch-Österreichs (auch er war von der Friedenskonferenz untersagt worden), bei dem Hitler keine Bedenken hatte, auch Machtmittel – etwa gegenüber dem klerikofaschistischen Regime Schuschniggs einzusetzen. So gelang es ihm, einen großen nationalpolitischen Erfolg zu erreichen, indem er die kleindeutsche Begrenzung des Reiches überwand.

Hatte die Politik NS-Deutschlands damit bereits Fragen aufgegriffen, die aus deutscher Sicht durch das Ende des österreichischen Großreichs und die Versailler Ordnung entstanden waren, so griff sie in der Folgezeit die damit zusammenhängende Sudetenfrage auf. Der Konflikt stand zeitweilig auf des Messers Schneide – insbesondere die britische Politik unter Chamberlain bemühte sich um einen Ausgleich und in München wurde unter Beteiligung von Mussolini eine Lösung auf Kosten der Tschechoslowakei gefunden (das Münchener Abkommen) – Berichte deuten darauf hin, dass Hitler über die friedliche Einigung nicht glücklich war; er hatte sich wohl schon auf einen Krieg eingestellt. Er ruhte dann auch nicht, bis er die Tschechoslowakei faktisch zerschlug, die Slowakei wurde scheinbar unabhängig und das Reichsprotektorat Böhmen und Mähren errichtet – auch dies eine „Lösung", die nicht nur der Versailler Friedensordnung völlig widersprach, sondern auch ein Stück des alten Reiches unter deutsch-nationalistischen Vorzeichen wiederherstellte. Hitler hatte in München zugesichert, dass dies seine letzten territorialen Forderungen seien, doch nunmehr galt die Appeasement-

Politik als gescheitert, sie wurde retrospektiv für Hitlers Politik verantwortlich gemacht (wobei die Kritik sich an Chamberlain und an der französischen Linken festmachte) – nicht immer wurde dabei die Verantwortung richtig gewichtet.

Scheinbar hat Hitler eine konsequente Versailles-Revisionspolitik betrieben, bei der er sich gleichsam radikalisierte und die Grenzen einer solchen Politik überschritt. – Realiter aber greift eine derartige Interpretation zu kurz.

Schon am 3. Februar 1933, d.h. nur wenige Tage nach der Machtübernahme, deutete Hitler gegenüber den Spitzen der Wehrmacht an, dass die Deutschen neuen Lebensraum im Osten erobern müssten und die slawische Bevölkerung zu germanisieren sei. Schon in seinem Bekenntnisbuch „Mein Kampf" hatte er einen Weltanschauungskrieg gegen den Bolschewismus propagiert, der für ihn zugleich ein Rassenkrieg gegen das Judentum war und als Eroberungskrieg der Gewinnung von Lebensraum für das Herrenvolk der Deutschen dienen sollte. – Verschiedentlich äußerte Hitler sich im Laufe der 30er Jahre ähnlich, so im November 1937 bei einem Zusammentreffen mit den Oberbefehlshabern von Heer, Luftwaffe und Marine, als er nicht nur die unmittelbaren Ziele in Österreich und der Tschechoslowakei umriss, sondern auch von der Gewinnung neuen Raumes „in unmittelbaren Anschluss an das Reich in Europa" sprach, der nicht ohne Gewalt möglich sei und spätestens bis 1945 zu erfolgen habe (Hoßbach-Protokoll). – Und erwähnt werden sollte auch Hitlers Reichstagsrede vom 30. Januar 1939, in der er u.a. sagte, „Wenn es dem internationalen Finanzjudentum in und außerhalb Europas gelingen sollte, die Völker noch einmal in einen Weltkrieg zu stürzen, dann wird das Ergebnis nicht die Bolschewisierung der Erde und damit der Sieg des Judentums sein, sondern die Vernichtung der jüdischen Rasse". Deutlich sind ideologische Fixpunkte der ultranationalistisch-rassistischen Eroberungs- und Vernichtungspolitik, für die zwar keine konkreten Planungen in Friedenszeiten vorlagen, in denen jedoch die Aufrüstung stark forciert wurde. Im Falle des Krieges drängten die ideologischen Ziele naturgemäß zur Entwicklung von Handlungsperspektiven.

Bereits im März 1939 forderte Hitler von Polen die Rückgabe von Danzig und die Einrichtung einer exterritorialen Verbindung zwischen Ostpreußen und dem übrigen Reichsgebiet, auch dies Korrekturen des Versailler Vertrages. Die polnische Regierung lehnte ab, sie glaubte sich auf Bündnisse mit Frankreich und Großbritannien, die die territoriale Integrität Polens garantierten, stützen zu können. Der deutsch-polnische Nichtangriffspakt aber überstand diesen Dissens nicht. Hitler ging es im Übrigen bei seiner Polen-Politik keineswegs nur um eine Korrektur des Versailler Vertrages, sondern um einen Einstieg in eine Ostpolitik, die neuen Lebensraum im Osten erobern sollte.

Um diese Politik zu ermöglichen, schloss Hitler am 23. August 1939 einen – von Außenminister Ribbentrop mit Außenminister Molotow in Moskau verhandelten – Vertrag mit Stalin, konkret einen Nichtangriffspakt, der jedoch mit einem geheimen Zusatzabkommen versehen wurde (was die sowjetische Seite bis Ende der 80er Jahre offiziell abgestritten hat), ein Abkommen, das die Interessenssphären in Ostmitteleuropa zwischen NS-Deutschland und der Sowjetunion abgrenzte, praktisch die neuerliche Aufteilung Polens und seine Liquidierung als selbstständiger Staat vorsah.

Bemerkenswert ist die Flexibilität der beiden Diktatoren, die sich bis dahin ideologisch als Todfeinde betrachtet hatten, nun aber – nach einem weiteren Abkommen (einem Kooperations- und Freundschaftsvertrag Ende September 1939) – politisch und wirtschaftlich zu einem beträchtlichen Austausch von Gütern (übrigens auch von Gefangenen) führte, die insbesondere der deutschen Seite halfen (in diesen Tagen ist es 80 Jahre her, dass der Hitler-Stalin-Pakt abgeschlossen worden ist – um die symbolische Bedeutung dieses Tages gibt es einen nicht unerheblichen europäischen Dissens). Mit dem Vertrag und dem Zusatzabkommen vom 23. August wurde der Angriff auf Polen möglich – für Hitler ein erster Schritt für das Ausgreifen nach Osten, den Stalin zu einem analogen Schritt nach Westen nutzte (auch dessen Politik bedarf der Erklärung, ist hier aber nicht unser Thema).

Allerdings versuchte Hitler dann den Kriegsbeginn als Antwort auf einen Angriff Polens auf den Sender Gleiwitz zu inszenieren („seit

5.45 wird jetzt zurückgeschossen"), was wohl vor allem innenpolitisch motiviert war. Anders als 1914 gab es 1939 nicht nur keine Kriegsbegeisterung, sondern eher schon eine depressive Stimmung, die Erinnerung an den Ersten Weltkrieg war noch lebendig, eine Stimmung, die mit den raschen Erfolgen zurücktrat. – Festzuhalten ist, dass der Krieg von deutscher Seite ohne Kriegserklärung begonnen wurde, zu Lande, zur See und aus der Luft (durch Bombenangriffe auf Wielun – vgl. den Steinmeier-Besuch). Hitler hoffte, die Westmächte würden sich passiv verhalten, doch sahen sie den Bündnisfall als gegeben und erklärten Deutschland den Krieg – wahrlich nicht der letzte Irrtum Hitlers und der Führung bei der Einschätzung der Lage im neuen Krieg, dessen ganze Furchtbarkeit den Deutschen erst schrittweise klar wurde.

Der Krieg gegen Polen und gegen Frankreich und England

In Polen ging es für NS-Deutschland – wie angedeutet – um weit mehr als um Korrekturen der Bestimmungen des Versailler Vertrages. Hier begann man bald nach der Besetzung mit großen Umsiedlungsaktionen, die bereits eine starke rassistische, genozidale Komponente besaßen. In mancher Hinsicht wurde hier bereits in den Jahren 1939 – 1941 der Eroberungs- und Vernichtungskrieg im Osten antizipiert, durch den ein imperialer Herrschaftsraum geschaffen werden sollte.

Die polnische Heeresleitung überschätzte ihr eigenes Potential. Hinzu kam, dass die Deutschen eine neue Blitzkriegsstrategie anwendeten, die auf massiven schnellen Vorstößen bei absoluter Luftüberlegenheit basierte. Bereits nach wenigen Wochen war Polen besiegt, so dass ein Offizier seine Darstellung mit „Feldzug der 18 Tage" überschreiben konnte. Ab dem 17. September besetzte dann übrigens auch die Sowjetunion ihren „östlichen Teil" Polens und die baltischen Länder, die dann bald zu Sowjetrepubliken wurden (auch dies ein bis in die Gegenwart nachwirkendes Geschehen).

Ziel deutscher Politik war nicht nur die Zerschlagung des polnischen Staates. Vielmehr wurden hier Konzepte der Vernichtungs- und Germanisierungspolitik erprobt. So wurde das besetzte Polen in verschiedene Teile zerstückelt, die westlichen Teile, die jetzt zu deutschen Ostprovinzen des Reiches erklärt wurden, sollten „entpolonisiert" und „entjudet" werden; Polen und Juden, die bereits jetzt – falls nötig – in beträchtlicher Zahl ermordet wurden, wurden in das Generalgouvernement Polen umgesiedelt. Eine Politik der ethnischen Säuberungen begann, Juden wurden in Ghettos zusammengepfercht. Zugleich wurden Hundertausende Deutsche aus dem Reich und vor allem „Volksdeutsche" aus Osteuropa (insbesondere aus Ostpolen, dem Baltikum und Bessarabien) „heim ins Reich" in die sog. Ostprovinzen umgesiedelt. Liquidiert wurden zudem durch gezielte Aktionen große Teile der polnischen Führungsschicht (Lehrer, Priester, Politiker, Angehörige antideutscher Verbände u.a.) – bekannt ist das Beispiel der Krakauer Professoren, die ins KZ Sachsenhausen deportiert wurden, wo die meisten von ihnen umkamen (in Lemberg wurden dann die Professoren sofort erschossen). Die große Zahl von polnischen Opfern, nicht nur von Juden, ist vielen Deutschen nicht hinreichend bewusst (ob ein Denkmal dem wirklich entgegenwirken würde, wie manche glauben, ist von mir hier jetzt nicht zu diskutieren).

Die Abschiebung von Polen und Juden ins Generalgouvernement Polen führte bald zu erheblichen Problemen. Dies war der Hintergrund für eine monatelang geführte Erörterung in den NS-Stellen über eine Deportation der Juden nach Madagaskar. Ziel war dabei, die Juden loszuwerden, nicht eine humane Lösung – obgleich deutlich wird, dass zu diesem Zeitpunkt noch nicht an eine systematische physische Vernichtung aller Juden gedacht wurde. Mit dem Angriff auf die Sowjetunion, der am 22. Juni 1941 begann, schienen sich dann neue Möglichkeiten zu bieten, zugleich aber fand eine zunehmende Radikalisierung der Judenpolitik statt, die keineswegs ausschließlich von oben induziert war, sondern auch mit dem Umfang der Probleme der Bevölkerungspolitik auf rassistischer Basis zusammenhing. Jedenfalls begannen nach 1939 im Kontext des Polenkriegs erste Planungen einer weitgehenden Neuordnung Osteuropas auf rassistischer Basis, die im „Generalplan Ost" gipfelten, der 1941/42 fertiggestellt wurde.

Der Krieg im Westen kam zunächst nicht recht in Gang. Allerdings sah sich Hitler genötigt, einer britischen Invasion zuvorzukommen und Dänemark und Norwegen zu besetzen, um Nachschub an Rohstoffen, insbesondere von schwedischen Erzen zu sichern, die über den norwegischen Hafen Narvik nach Deutschland verschifft wurden. Es ging bei dieser Besetzung also nur im Hinblick auf die Sicherung der Rohstoffbasis um den Aufbau einer Hegemonialstellung. Folge war freilich, dass hier dauerhaft deutsche Streitkräfte gebunden wurden.

Ab 10. Mai 1940 begann dann der Frankreichfeldzug, auch er von starken Kräften als Blitzkrieg getragen und anders als im Ersten Weltkrieg in relativ kurzer Zeit erfolgreich, die Bewunderung für Hitler, der Führerkult, wuchs in der deutschen Bevölkerung immer mehr. Bereits am 22. Juni wurde ein Waffenstillstand geschlossen – und zwar wie 1918 wiederum in Compiègne, wodurch symbolisch Revanche für die Niederlage im Ersten Weltkrieg geübt wurde (auch andere Handlungen machten deutlich, dass durch den Sieg über Frankreich das Vermächtnis der Toten des Ersten Weltkriegs eingelöst werden sollte). Große Teile Frankreichs (der Norden und der Westen) wurden besetzt. Die französische Regierung aber regierte im Süden unter Pétain weiter, Hauptstadt wurde Vichy. Von erheblicher Bedeutung wurde hier wie in anderen besiegten Ländern das Kollaborationsregime, bei dem es sogar ideologische Brücken zum Nationalsozialismus gab (etwa der gemeinsame Kampf gegen den Bolschewismus).

Der Krieg im Westen wurde nicht mit vergleichbarer Härte wie in Polen und dann in der Sowjetunion geführt, wo die Wehrmacht das Kriegsvölkerrecht ignorierte (das übrigens auch Stalin nicht anerkannte, was freilich nicht der Grund für die deutsche Kriegführung war). Allerdings entwickelte sich in Frankreich allmählich eine – vor allem gegen Ende des Krieges anwachsende – Widerstandsbewegung, deren Aktionen auch hier mit brutaler Härte durch SS-Einheiten vergolten wurden (Oradour, Maillé). Zwar bot das nicht besetzte Frankreich für die deutsche Emigration noch Fluchtchancen, doch trug das Vichy-Regime eben doch wichtige Teile der NS-Politik – teilweise ideologisch begründet – mit, inklusive der Judenpolitik.

Anders als Frankreich, das innerhalb kurzer Zeit in beispielloser Weise besiegt wurde, behauptete sich England, obgleich zunächst ein Expeditionskorps sich unter Zurücklassung der Waffen und Ausrüstungen von Dünkirchen wieder auf die Insel hatte zurückziehen müssen. Erwogen wurde eine deutsche Landung in England („Seelöwe"), die große Probleme (u.a. was Schiffe, Landungsboote angeht) bereitete. Voraussetzung aber war die Gewinnung der Luftüberlegenheit. Doch hier passierte das Unerwartete: die Deutschen verloren die große Luftschlacht über England. Die Briten büßten bis zum 31. Oktober 1941 544 Piloten und 1.517 Flugzeuge, die Deutschen in der gleichen Zeit ca. 2.200 Flugzeuge, wobei ca. 2.000 Luftwaffenangehörige fielen und die gleiche Zahl in Kriegsgefangenschaft geriet – die erste ernsthafte Niederlage der deutschen Streitkräfte im Zweiten Weltkrieg. Eine rasche Niederringung Großbritanniens war offenkundig unmöglich, obgleich deutsche Bombenangriffe wie die auf Coventry Schrecken und Angst verbreiten sollten (die Deutschen haben als erste das Mittel der Bombardierung von Städten eingesetzt, die Deutschen sollten es bald in intensivierter und systematisch angewandter Weise selbst erleiden).

Für Hitler und sein Umfeld gab es offensichtlich eine Interdependenz der Kriegsziele. Verstärkt wandte man sich nun der Vorbereitung eines deutschen Angriffs auf die Sowjetunion zu, u.a. mit dem Argument, dass es darum gehen müsse, die britische Hoffnung auf die Sowjetunion zu zerstören (Großbritannien den „Festlandsdegen" [...] zu nehmen). Scheinbar wurde damit der Krieg gegen die Sowjetunion zum Mittel des Krieges gegen England. Zugleich aber ging es um die Gewinnung von Lebensraum und die Errichtung einer neuen Ordnung des Ostens unter deutscher Führung, was in großem Maße schon in der Planung verbrecherische Mittel einschloss. Dass mit einem Krieg gegen die Sowjetunion bei gleichzeitiger Fortsetzung des Krieges gegen Großbritannien, das zunehmend von den USA unterstützt wurde (und nach Pearl Harbour auch in den Krieg eintrat), die Potentiale Deutschlands und der anderen Achsenmächte überfordern könnte, auch für die Deutschen ein Zweifrontenkrieg faktisch zur Realität machte (der seit dem

Ersten Weltkrieg geradezu als deutscher Albtraum galt), wurde verdrängt. Charakteristisch für die deutsche Führung war ein zunehmend gestörtes Verhältnis zur Realität und ein Verlust aller humanen Maßstäbe.

Der Eroberungs- und Vernichtungskrieg gegen die Sowjetunion

Der Krieg gegen die Sowjetunion, der im Frühjahr 1941 beginnen sollte, verzögerte sich, weil die Wehrmacht auf dem Balkan und in Griechenland Mussolini zu Hilfe kam, auch der Einsatz des Afrika-Korps unter Führung Rommels war mit verursacht durch misslungene kriegerische Aktionen des Duce. Gewiss dienten diese militärischen Operationen der Stabilisierung der Achsenmächte. Die deutsche Hegemonialstellung wurde immer beeindruckender, doch führte sie zur Zersplitterung der militärischen Kräfte NS-Deutschlands, zumal der Sieg auf dem Balkan und in Griechenland Besatzungsregime zur Folge hatten, die sich bald mit Partisanenaktionen auseinandersetzen mussten – was sie auch wegen ihrer Überforderung mit extremer Brutalität taten.

Erst am 22. Juni 1941, Wochen später als geplant (was sich für die Wehrmacht verhängnisvoll auswirken sollte), begann das „Unternehmen Barbarossa", NS-Deutschland griff – von Stalin nicht erwartet – die Sowjetunion mit einer gewaltigen Streitmacht an, mit drei Millionen Soldaten, 600.000 Kfz, übrigens auch noch Tausenden von Pferden, 3.350 Panzern, 7.200 Geschützen und ca. 2.000 Flugzeugen …. Auch hier wurde – trotz der anderen Rahmenbedingungen als in Polen oder Frankreich – versucht, das Blitzkriegskonzept anzuwenden (was schon wegen der enormen Größe des Landes schwerlich gelingen konnte). Der Angriff erfolgte in vier schnell vorrückenden Keilen; rasch wurden gewaltige Geländegewinne erzielt; man rückte so schnell vor, dass es Probleme mit dem Nachschub geben musste; Hunderttausende von Rotarmisten aber wurden gefangen genommen.

Von vornherein, d.h. schon in der Planungsphase, war klar gewesen, dass der Krieg als Eroberungs- und Vernichtungskrieg geführt werden sollte. Dies hieß, dass die Bestimmungen des Kriegsvölkerrechts außer

Kraft gesetzt wurden (dass einige Kommandeure versuchten, im Hinblick auf das Verhalten der Truppe die normalen Bestimmungen zu beachten, änderte daran nichts). Charakteristisch war der Kommissarbefehl, nach dem Polit-Kommissare der KPdSU nach der Gefangennahme sofort erschossen werden sollten. Auch wenn er zunächst ausgesetzt wurde, so war er doch symptomatisch dafür, dass der Krieg als Weltanschauungskrieg betrachtet werden sollte; bekämpft wurde der – wie es hieß – „jüdische Bolschewismus".

Schon vorher war festgelegt worden: Gefangene sollten nicht als Kameraden betrachtet werden. Gewiss gab es dann beträchtliche logistische Probleme mit der riesigen Zahl der Gefangenen, die bald zu versorgen waren. Zumindest bei einem beträchtlichen Teil nahm man in Kauf, dass sie verhungerten. Tausende wurden auch erschossen. Hitler wollte zunächst nicht, dass sie ins Reich gebracht wurden. Später wurden sie dann doch zur Arbeit herangezogen, dabei besonders schlecht behandelt, wie die hohen Todesraten von russischen Kriegsgefangenen zeigten. Insgesamt gesehen kamen wohl mehr als drei Millionen sowjetische Kriegsgefangene in deutschen Lagern um, was eben auch Ausdruck der rassistischen Geringschätzung der Slawen war.

Die Ernährung der deutschen Armeen sollte im Übrigen aus dem besetzten Land erfolgen, das zudem Nahrungsmittel in das Reich liefern sollte, auch wenn dies zu Hungerkatastrophen in der Sowjetunion führte.

Zu den Grundsätzen der deutschen Strategie gehörte, dass keinerlei Selbstständigkeit der verschiedenen Nationalitäten dauerhaft akzeptiert wurde. Unter den Ukrainern gab es durchaus Unabhängigkeitsbestrebungen. Nicht einmal Kollaborationsregime wurden akzeptiert. Die Deutschen wollten absolut herrschen. Leitend war ein rassistisch aufgeladener Ultranationalismus.

Mit dem Vormarsch in der SU wuchsen die Pläne des „Reichskommissars für die Festigung des deutschen Volkstums" Heinrich Himmler ins Gigantische. Der bereits genannte vom Reichsministerium für die Ostgebiete „erarbeitete" Generalplan Ost (der freilich in der deutschen Bevölkerung nicht bekannt wurde) betrachtete 31 Millionen Slawen als überflüssig in einer von den Deutschen dominierten Ordnung. Hitler bezeichnete im Übrigen im Führerhauptquartier den russischen Raum als „unser Indien". Er sollte als Siedlungsraum dienen, Lebensmittel und Rohstoffe liefern und Arbeitskräfte stellen. 1941 gab es bereits drei Millionen Zwangsarbeiter, drei Jahre später acht Millionen, ein Viertel aller Arbeitskräfte. Die größte Gruppe unter den Zwangsarbeitern waren die Ostarbeiter.

Anders als in Polen oder in Frankreich ging in Russland trotz anfänglicher gewaltiger Geländegewinne die Blitzkriegsstrategie nicht auf. Die von finnischen, ungarischen und rumänischen Verbänden unterstützten deutschen Streitkräfte erreichten zwar am 1. September 1941 Leningrad und am 27. November war man nur noch 30 km von Moskau entfernt. Keines der Ziele wurde jedoch erreicht, weder Moskau noch Leningrad eingenommen. Die deutsche Offensive 1941 blieb im Herbst buchstäblich im Matsch stecken. Und dann kam auch schon der Winter, auf den die Wehrmacht in keiner Weise vorbereitet war, in dem die Sowjetarmee eine Gegenoffensive startete, die nur mit Mühe begrenzt werden konnte. Bis zum 1. Dezember 1941 waren bereits 158.773 deutsche Soldaten gefallen, 563.082 verwundet, auch ca. 2.000 Flugzeuge verlorengegangen.

Zwar gelang es im Frühjahr 1942, die erstarrten Fronten wieder in Bewegung zu bringen und der Vorstoß der 6. Armee führte tatsächlich zur Eroberung Stalingrads, doch wurde die 6. Armee eingekesselt. Weder konnte, wie Göring es versprochen hatte, die Armee aus der Luft versorgt noch aus der Umklammerung befreit werden. Der Befehl Hitlers, Stalingrad unbedingt zu halten, führte zu einem völligen Desaster im Januar 1943, ca. 100.000 deutsche Soldaten gingen in Kriegsgefangenschaft. Von ihnen überlebte nur ein Bruchteil. Stalingrad symbolisierte fortan den endgültigen Wendepunkt des Krieges. Offensichtlich waren die Fronten weit überdehnt worden.

Die weitere Entwicklung war im Wesentlichen durch Rückzüge und Stabilisierungsversuche der Front gekennzeichnet, ein ziemlich aussichtsloses Unterfangen angesichts der nun zahlenmäßig und an Waffen zunehmend weit überlegenen Roten Armee; das Gesetz des militärischen Handelns lag nun weitgehend bei ihr. Mit äußerster Brutalität gingen die Deutschen gegen die Partisanen vor, ihre Aktionen wurden an der Bevölkerung gerächt. Mit der Politik der verbrannten Erde wurde die Zivilbevölkerung in großem Maße Opfer des Rückzugs der Deutschen. Insgesamt kostete der Zweite Weltkrieg ca. 30 Millionen Menschen der Völker der SU das Leben.

Diente der „jüdische Bolschewismus" von Anfang an der Rechtfertigung des Krieges gegen die Sowjetunion, so überschlug sich die antisemitisch-antibolschewistische Propaganda noch einmal 1944/45 und bezog dabei sogar den Krieg gegen die USA ein. Dies lässt uns nach dem Zusammenhang von Krieg und Holocaust fragen.

Der Hegemonial- und Vernichtungskrieg und der Holocaust

In diesem Kontext muss zumindest kurz auf den Zusammenhang von Eroberungs- und Vernichtungskrieg einerseits und Holocaust andererseits eingegangen werden. Gewiss wäre es eine Verharmlosung des Holocaust, diesen als Kriegsverbrechen zu charakterisieren, er reicht weit darüber hinaus, er ist als „Verbrechen gegen die Menschlichkeit" zu bezeichnen, ja als ein „einzigartiges Verbrechen". Und doch war der Zweite Weltkrieg die Grundbedingung dafür, dass der Holocaust realisiert wurde. Der Eroberungs- und Vernichtungskrieg schuf die politisch-moralische Konstellation, in der der Holocaust möglich wurde. Im Schatten des Krieges wurde der systematische Massenmord der Juden Europas durchführbar. Er passte in einen Kontext, in dem über das Schicksal von Millionen im Zusammenhang einer Neuordnung Osteuropas ohne jede Rücksicht auf die Menschen entschieden wurde.

Schon angesprochen wurde die Hitler-Rede im Januar 1939, die für den Fall des Krieges das Ende der Juden als Rasse prognostizierte, was durchaus auch als politische Willensbekundung zu verstehen war. Und tatsächlich begannen schon während des Polenkriegs und sich daran anschließender bevölkerungspolitischer Maßnahmen Massenmorde an Juden (wenn sich sonst keine andere Lösung ergab). Doch die systematische Ermordung setzte mit dem Eroberungs- und Vernichtungskrieg in der Sowjetunion (nach Beginn des „Unternehmens Barbarossa") ein, u.a. mit der Konzentration der Juden in Ghettos in den baltischen Ländern und in Polen, mit der Ermordung der Juden Lettlands und der Ukraine, mit der Deportation der Juden Mitteleuropas (Deutschlands und Österreichs) in die Ghettos des Ostens, von dort in die Konzentrationslager oder auch schon zu den Orten, in denen sie zu Zigtausenden erschossen wurden (wie in den Wäldern von Bikernieki bei Riga) und zu anderen Orten (ein Teil der Aktionen lief schon vor der Wannseekonferenz im Januar 1942).

Auch begannen schon bald die Mordaktionen im Rahmen der „Aktion Reinhard" im Generalgouvernement Polen (Belzec, Sobibor und Treblinka), der 1,7 Millionen Männer, Frauen und Kinder zum Opfer fielen. Im Dezember 1941 notierte Goebbels in sein Tagebuch: „Bezüglich der Judenfrage ist der Führer entschlossen, reinen Tisch zu machen." Er fuhr unter Hinweis auf die schon zitierten Prognosen Hitlers im Januar 1939 mit den Sätzen fort: „Der Weltkrieg ist da, die Vernichtung muss die notwendige Folge sein. Diese Frage ist ohne Sentimentalität zu betrachten [...]. Wenn das deutsche Volk jetzt wieder im Ostfeldzug an die 160.000 Tote geopfert hat, so werden die Urheber dieses blutigen Konfliktes dafür mit dem Leben bezahlen müssen." Goebbels bezog sich damit auf Äußerungen Hitlers im Führerhauptquartier, die in absurder Weise die Juden für den Krieg und die Kriegsopfer verantwortlich machten. Tatsächlich reagierte Hitler bei Rückschlägen im militärischen Bereich mit umso heftigeren Ausfällen gegen die Juden. Auch hier wird ein Zusammenhang zwischen militärischer Entwicklung und Holocaust erkennbar.

Mit dem Verschwinden der Perspektive auf mehr Lebensraum und eine neue Ordnung in Osteuropa wurde der Judenmord (wo immer er in Europa möglich war) in der NS-Führungssicht – so haben wir festzustellen – zum letzten verbliebenen, zum eigentlichen Kriegsziel erhoben, das bis zum Schluss konsequent verfolgt wurde. Der Judenmord war das Kriegsziel (das zwar nicht offen verfolgt wurde), das tatsächlich auf dem Hintergrund des Vernichtungskriegs millionenfach erreicht wurde.

Ursachen des Funktionierens der Soldaten und des Scheiterns der Wehrmacht

Viele Aspekte des Krieges, so das Zurückschlagen des Krieges auf Deutschland, der Bombenkrieg mit seinen gewaltigen Zerstörungen und zahlreichen Opfern, Flucht und Vertreibung von mehr als 12 Millionen Menschen aus dem Osten, die Geschehnisse bei der Besetzung des Reichsgebietes mit den Massenvergewaltigungen und anderes mehr waren hier nicht mein Thema. Hier ging es um die Ziele der Politik NS-Deutschlands.

Zu fragen ist, warum diese Kriegspolitik so völlig scheiterte:
— Militärisch gesehen wurden die Fronten zweifellos erheblich überdehnt und die Potentiale Deutschlands und seiner Verbündeten weit überschätzt.
— Gleichzeitig trug man durch die eigene Politik wesentlich dazu bei, dass eine beträchtliche Zahl untereinander sehr unterschiedlicher „Feinde" wie die Sowjetunion und die USA sich in dem Willen zusammenfanden, NS-Deutschland (und seine Verbündeten) niederzuwerfen (Allfeindschaft des NS).
— Die Führung war unfähig, ihre Ziele klar zu priorisieren und die deutschen Möglichkeiten realistisch einzuschätzen. Hitler verfocht seine militärischen Ziele ausgesprochen starr, was zusätzlich erhebliche negative Folgen hatte.

Inwieweit stieß diese Eroberungs- und Vernichtungspolitik in Deutschland auf Widerstand? Für uns heute stellt sich diese Frage nicht nur im Hinblick auf den Holocaust, sondern auch auf den verbrecherischen Krieg. Offensichtlich fehlten für die meisten Teilnehmer an diesem Krieg die Kategorien, um den Unrechtscharakter dieses Krieges klar erkennen zu können und noch mehr die Möglichkeiten, sich dem Kriege zu entziehen. Kriege schienen damals etwas Selbstverständliches zu sein, auch dass man sich mit der Nation zu identifizieren hatte. Dass die Identifikation hier in der Pervertierung des Ultranationalismus und des Rassismus erschien, hat wohl nur ein Teil der Menschen erkannt. Doch allzu viele passten sich an, ohne dass sie die NS-Ideologie alle geteilt haben (vgl. Christopher Browning, Ganz normale Männer). In diesem Kontext stcllt sich die Frage nach der Rolle der Kirchen (die in dieser Reihe von anderen aufzugreifen ist).

Allerdings haben wir in Rechnung zu stellen, dass Basis dieser Außenpolitik eine sich radikalisierende totalitäre Diktatur war, die sich in einer bis dahin unbekannten Weise inszenierte und propagandistisch überhöhte und dadurch die Massen immer wieder mitriss, andererseits eine repressive Dimension besaß, die in Gestapo, KZ-System und nazifizierter Justiz ihren einschüchternden Ausdruck fand, von dem sich nur wenige freimachen konnten. Umso mehr haben wir freilich den Widerstand zu würdigen, den der Arbeiterbewegung wie den des 20. Juli, der sich insbesondere an der exzessiven Hegemonial-, Eroberungs- und Vernichtungspolitik sowie an der Judenpolitik entzündete.

Zur Erklärung, nicht zur Entschuldigung des Verhaltens der großen Mehrheit der Menschen haben wir uns klar zu machen, dass die Menschen an den Außen- und militärstrategischen Entscheidungsprozessen in keiner Weise beteiligt waren und insofern als Objekte dieses Geschehen erlitten. Zugleich aber ermöglichten sie diese Politik, weil sie – wenn auch in gewiss unterschiedlichem Maße – mitmachten, wozu sie durch ihre Sozialisation ebenso angetrieben wurden wie durch den totalitären Staat, der schließlich den „totalen Krieg" propagierte.

Keine Frage, dass das komplexe, vielschichtige Geschehen bis in die Gegenwart eine intellektuelle Herausforderung darstellt, übrigens nicht nur für die deutsche Gesellschaft; ich denke auch an das nicht hinreichend aufgearbeitete europäische Phänomen der Kollaboration.

Zur historischen Einordnung der deutschen Hegemonial- und Vernichtungspolitik im Zweiten Weltkrieg

Unter dem Eindruck des Zweiten Weltkriegs publizierte der Historiker Ludwig Dehio 1948 sein Buch „Gleichgewicht und Hegemonie. Betrachtungen über ein Grundproblem der neueren Staatengeschichte", in dem er die Entwicklung des europäischen Staatensystems als Kampf zwischen Hegemonialstreben und Gleichgewichtsdenken interpretierte und den Ersten und Zweiten Weltkrieg als letzte, diesmal von den Deutschen vorangetriebene Hegemonialkriege verstehen wollte, die nun zur Zerstörung dieses Staatensystems geführt hätten. Bis zu einem gewissen Grade mag man dieser Sicht folgen, nur gingen die Weltkriege, zumal der Zweite Weltkrieg weit über die früheren Hegemonialkriege hinaus, die vorher von anderen Ländern, etwa von Frankreich, geführt worden waren. Der von Hitler vom Zaun gebrochene Krieg um die Vorherrschaft in Europa war ein von ultranationalistischen, rassistisch-antisemitischen Motiven geleiteter, von einer totalitären Diktatur (und ihren ähnlich strukturierten Verbündeten getragener) durch moderne Waffentechniken (auf dem Land, in der Luft und auf dem Wasser) ermöglichter, den Tod von Millionen Menschen unmittelbar anzielender oder in Kauf nehmender Eroberungs- und Vernichtungskrieg, wie ihn bis zur Gegenwart die Menschheit noch nicht erlebt hat. Der Krieg und mehr noch die in diesem verübten Verbrechen (insbesondere der Judenmord) gelten bis heute als höchste Steigerung des Bösen in der Politik, an dem andere Untaten gemessen werden.

Der Zweite Weltkrieg hat das Selbstverständnis der meisten europäischen Länder über viele Jahrzehnte geprägt; sie haben diesen Krieg vielfach in nationalen Mythen verarbeitet, die bis heute nachwirken und manches auch verdeckt haben (vgl. Monika Flacke, Hg., Mythen der Nationen). Es ist an der Zeit, die nationalen Erinnerungskulturen stärker zueinander zu öffnen (zum Teil müssen wir leider eine entgegengesetzte Tendenz registrieren).

Inzwischen mehren sich in Deutschland, in Europa und in der Welt die Anzeichen dafür, dass die Erfahrungen des Zweiten Weltkriegs immer mehr verblassen. Vielerorts hat sich in den letzten 15 Jahren ein meist als Populismus bezeichneter neuer Nationalismus herausgebildet, der zwar mit dem Ultranationalismus des Zweiten Weltkriegs gewiss nicht identisch ist und dennoch zu denken gibt. Auch erleben wir nicht einfach die Wiederkehr des Jahres 1932 oder des Jahres 1938; jede historische Konstellation ist wieder eine besondere. Und doch wäre es fahrlässig, sich nicht erneut mit der Zwischenkriegszeit mit ihren ethnonationalistischen, antisemitischen und antiparlamentarischen Strömungen zu beschäftigen, die uns in die beispiellose Katastrophe des Zweiten Weltkriegs getrieben haben. Trotz aller historischen Unterschiede zwischen den Zeiten: Lernen aus der Geschichte ist nicht nur möglich, sondern dringend geboten.

Literaturhinweise

Benz, Wolfgang: Geschichte des Dritten Reiches, München 2000.

Benz, Wolfgang: Der Holocaust, München 3. Aufl. 1997.

Dehio, Ludwig: Deutschland und die Weltpolitik im 20. Jahrhundert, Frankfurt 1961.

Faulenbach, Bernd/Kaltofen, Andrea (Hg.): Hölle im Moor. Die Emslandlager 1933-1945, Göttingen 2017.

Gruchmann, Lothar: Totaler Krieg. Vom Blitzkrieg zur bedingungslosen Kapitulation, München 1991.

Militärgeschichtliches Forschungsamt (Hg.): Das Deutsche Reiche und der Zweite Weltkrieg. Stuttgart 1979ff. 10 Bde.

Mommsen, Hans: Das NS-Regime und die Auslöschung des Judentums in Europa, Göttingen 2014.

Orth, Karin: Das System der nationalsozialistischen Konzentrationslager. Eine politische Organisationsgeschichte, Hamburg 1999.

Piper, Ernst: Geschichte des Nationalsozialismus. Von den Anfängen bis heute, Bonn 2018.

Raphael, Lutz: Imperiale Gewalt und mobilisierte Nation. Europa 1914-1945, München 2011.

Rothfels, Hans: Sinn und Aufgabe der Zeitgeschichte. In: Ders.: Zeitgeschichtliche Betrachtungen, Göttingen 1959, S. 9-16.

Rürup, Reinhard: Der lange Schatten des Nationalsozialismus. Geschichte, Geschichtspolitik und Erinnerungskultur, Göttingen 2014.

Günter Brakelmann

Die Evangelische Kirche in den Kriegsjahren 1939 bis 1941

Beim Vortrag wurden die historischen Originaltexte von Jürgen Larys rezitiert. Sie sind hier *kursiv* wiedergegeben.

Der erste Kriegssonntag war der 3. September 1939. Im Gegensatz zu den Augusttagen 1914 strömte das deutsche Volk nicht in Massen in die Kirchen. Es gab auch 1939 nicht eine vergleichbare Kriegsbegeisterung wie 1914. Gottesdienste auf Geheiß oder Empfehlung der politischen Spitzen hat es wie 1914 oder 1870 nicht gegeben. 1939 zeigte sich überdeutlich, dass es der Staats- und Parteiführung seit 1933 gelungen war, die Kirche an den Rand des öffentlichen Geschehens zu drücken. Eine offizielle Kombattantenschaft zwischen NS-Staat und evangelischer Kirche hat es nicht gegeben. Hinzu kam, dass es die evangelische Kirche seit Jahren nicht mehr gab. Sie bestand aus der offiziellen Reichskirche – eng verbunden mit den Deutschen Christen –, die ihren Auftrag darin sah, die Innen- und Außenpolitik des NS-Systems religiös und politisch zu begleiten. Auf der Gegenseite standen die Gruppen der Bekennenden Kirche, die aber als Einheit spätestens seit der sog. Tschechen-Krise von 1938 nicht mehr existierte.

Die Worte und die Predigten, die aus der Zeit des Kriegsanfangs vorliegen, spiegeln wider die Positionen der verschiedenen kirchlichen Institutionen und der theologischen und kirchenpolitischen Gruppen. „Die evangelische Kirche" oder den „Protestantismus" hat es – es sei noch einmal gesagt – nicht mehr gegeben. Und sie alle sagen ihre Worte in einen öffentlichen Raum hinein, der von der nationalsozialistischen Weltanschauung und von den Interpretationen des Zeitgeschehens durch die politische NS-Führung bestimmt war. Das nationalsozialistische System bedurfte nicht mehr der Inhalte christlicher Verkündigung, christlicher Anthropologie und christlicher Ethik, um die Mehrheit der deutschen Menschen auf ihren historisch-politischen Auftrag und auf persönliche Opferbereitschaft wie auf den möglichen, freudig bejahten Tod für Führer, Volk und Vaterland einzuschwören. Längst verstand sich der Nationalsozialismus selbstbewusst als positiv-konstruktive Überwindung traditioneller christlicher Theologien und Ethiken, als sieghaftes Bollwerk gegen klerikal-dogmatische Starrheit in Lehre und Erziehung. Es ist immer zu bedenken, dass der Entfremdungsprozess von großen Teilen des Volkes, besonders von der Männerwelt und von der Jugend zur traditionellen Kirchlichkeit vor 1939 in einem rasanten Tempo zugenommen hatte. Jedenfalls war die Gesamtsituation der Kirche in den Jahren und Monaten vor dem Kriegsausbruch durch wachsende Bedeutungslosigkeit in der Öffentlichkeit gekennzeichnet.

Nicht wenige Christen und vor allem Pfarrer haben nun in der neuen Situation des Krieges Chancen gesehen, wieder aus dem nationalen und geistigen Ghetto herauszukommen, Kirche und Evangelium wieder zu einem konstruktiven Faktor für das national-völkische Leben zu machen. Durch vorbildliche Pflichterfüllung und solidarische Seelsorge an den Volksgenossen hoffte man, eine eigenständige und anerkannte Position und Funktion im Leben des Volkes zurück zu gewinnen. Das war angesichts der Dauerpolemik des „Schwarzen Korps", der SS-Zeitung, gegen den Berufsstand der Pfarrer, der als national unzuverlässig galt, nicht einfach. Besonders scharf griff man die Pfarrer der Bekennenden Kirche an, die schon seit Jahren von Inhaftierungen, Prozessen und Amtsenthebungen betroffen waren.

Dieser Pfarrerstand verhielt sich nun nach dem Ausbruch des Krieges sehr verschieden. Es gab die deutschen Christen, die in der „nationalsozialistischen Revolution" von 1933 die Chance gesehen hatten, Volk und Christentum, Christen und Nationalsozialisten zur Synthese zu bringen. Sie begrüßten den Krieg als neue Möglichkeit, die alten Ziele zu verwirklichen.

Ihnen gegenüber standen kirchenpolitisch die Pfarrer der bruderrätlich organisierten Bekennenden Kirche, die auf dem Boden der Schrift und der reformatorischen Bekenntnisse ihre Antworten auf die Herausforderungen durch die neue historisch-politische Lage geben wollten. Zwischen diesen beiden Gruppen stand die kirchlich-theologische Mehrheit der sog. Mitte. Schon diese Gemengelage erklärt, dass es während des ganzen Krieges kein von allen kirchlichen Gruppen gemeinsam beschlossenes öffentliches Wort zum Kriegsgeschehen gegeben hat.

Sehen wir uns nun einzelne Worte aus dem Raum der theologisch und organisatorisch zerrissenen Kirche an. Nur an einer Stelle gab es durch alle Gruppen hindurch eine breite Zustimmung: nämlich zu Adolf Hitler. Am 20. April 1939 feierte dieser seinen 50. Geburtstag.

Die DEK lässt verlauten:

„Mit dem gesamten deutschen Volke feiert die Evangelische Kirche am 20. April in jubelnder Freude den fünfzigsten Geburtstag unseres Führers. In ihm hat Gott dem deutschen Volke einen wahren Wundermann geschenkt, wie Martin Luther die Großen nannte, die Gott nach seinem freien Rat und Willen je und dann aussendet, dass sie in die Weite und Tiefe der Geschichte mächtig hineinwirken, dass sie ihrem Volke und der Welt neue Ziele weisen, Bahn brechen in eine lebendige Zukunft und ein neues Zeitalter heraufführen.

In tiefer und dankbarer Ergriffenheit erlebt das deutsche Volk, erlebt in ihm auch die evangelische Christenheit noch einmal die gewaltige Größe des Geschehens, das die mit Adolf Hitler anbrechende Stunde der Deutschen in sich fasst:

Die Aufrüttelung aller völkischen Kräfte zu kampfes- und todesfreudigem Einsatz für Freiheit, Ehre und Macht des Vaterlandes; die Befreiung von der schmachvollen Knechtschaft eines Gewaltfriedens; das Geschenk von Arbeit und Brot für jeden Volksgenossen; die Rückführung der Brüder aus der West- und Ostmark und aus dem Memelland in die Gemeinschaft des Blutes und tausendjähriger Geschichte.

In alledem ist das deutsche Volk ein anderes geworden, als es vor Hitler gewesen ist. Der entschlossene und unbeugsame Wille, unseren Führer und die große geschichtliche Stunde, die uns durch ihn von Gott geschenkt ist, nicht zu enttäuschen, das sei der Dank, den das deutsche Volk und in ihm die evangelische Christenheit dem Führer zu seinem fünfzigsten Geburtstag darbringt. Dass die Befreiung von den letzten Resten äußerer Knechtschaft bewährt werde in der inneren

*Freiheit, die sich freudig einordnet in die Gemeinschaft gegenseitigen
Dienstes; dass die Ausmerzung alles wesensfremden Einflusses auf die
geistige, sittliche und künstlerische Kultur unseres Volkes begleitet sei
von einer immer tieferen Erschließung der Quellen, aus denen unser
Volk geboren und seine Geschichte gespeist ist; dass wir durch das,
was Gott an dieser Wende der Geschichte der Deutschen an uns tut, zu
immer festerem Vertrauen auf ihn und zu immer willigerem Gehorsam
gegen ihn uns rufen lassen, sei unser Begehren, unser Wille, unser Ge-
lübde zum fünfzigstem Geburtstag des Führers.
Berlin, den 14. April 1939. Heil Hitler!
Deutsche Evangelische Kirche. Dr. Werner."*
(Brakelmann, Kirche im Krieg, Nr. 25, S. 100)

Die Deutschen Pfarrervereine telegrafieren:

*„Dem Führer des deutschen Volkes entbieten zu seinem fünfzigsten
Geburtstag die im Reichsverband der deutschen evangelischen Pfarrervereine zusammengeschlossenen 16.000 evangelischen Geistlichen
ehrerbietigen Glückwunsch. Am heutigen Tage vereinen wir uns mit
allen unseren Gemeinden in dem Gefühl demütigen Dankes vor dem
lebendigen Gott, dass er uns zur rechten Stunde den Führer geschenkt
und durch ihn den Weg des deutschen Volkes aus der Tiefe der Ohnmacht
und der Schmach in machtvollem Aufschwung zur leuchtenden Höhe
Großdeutschlands gelenkt hat.*

*Es bleibt auch in Zukunft unser und unserer Gemeinden allsonn-
tägliches Gebet, Gott wolle uns den Führer erhalten, ihn schützen und
segnen und das Werk seiner Hände fördern."* (ebd. Nr. 31, S. 104)

Im Ev. Feldgesangbuch findet sich ein „Lied für Führer und Volk":
*1. Ein Haupt hast du dem Volk gesandt
und trotz der Feinde Toben
in Gnaden unser Vaterland
geeint und hoch erhoben;
mit Frieden hast du uns bedacht, den Führer uns bestellt zur Wacht
zu deines Namens Ehre.*

2. Wir danken dir mit Herz und Mund,
du Retter aus Gefahren,
und flehn aus tiefster Seele Grund,
du wollest uns bewahren,
Herr aller Herren, dem keiner gleich,
den Führer und das Deutsche Reich
zu deines Namens Ehre.
3. Verwirf, Gott, unser Flehen nicht,
lass auf des Führers Wegen
die huldvoll heilig Angesicht
ihm leuchten uns zum Segen,
und salbe ihn mit deinem Geist,
dass er sich kräftig stets erweist
zu deines Namens Ehre.
4. Ach komm, wie zu der Väter Zeit
Ein Feuer anzuzünden. Dass wir im Frieden und im Streit
Fest auf dein Wort uns gründen,
ein frommes Volk, das dir vertraut und dir zum Tempel sich erbaut
zu deines Namens Ehre. (ebd. Nr. 35, S. 105)

Und ein Gebet für Führer, Volk und Wehrmacht lautet:

„In Deiner Hand, o Gott, liegt die Herrschaft über alle Reiche und Völker der Erde. Segne unser deutsches Volk in Deiner Güte und Kraft und senke uns tief ins Herz die Liebe zu unserem Vaterlande. Lass uns ein heldenhaftes Geschlecht sein und unserer Ahnen würdig werden. Lass uns den Glauben unserer Väter hüten wie ein heiliges Erbe. Segne die deutsche Wehrmacht, welche dazu berufen ist, den Frieden zu wahren und den heimischen Herd zu beschützen, und gib ihren Angehörigen die Kraft zum höchsten Opfer für Führer, Volk und Vaterland. Segne besonders unseren Führer und Obersten Befehlshaber in allen Aufgaben, die ihm gestellt sind. Lass uns alle unter seiner Führung in der Hingabe an Volk und Vaterland eine heilige Aufgabe sehen, damit wir durch Glauben, Gehorsam und Treue die ewige Heimat erlangen im Reiche Deines Lichtes und Deines Friedens. Amen.“ (ebd. Nr. 36, 105f)

Und zum nächsten Geburtstag 1940 heißt es u. a. in der pietistischen Zeitschrift „Friede und Freude":

„Gott, der Herr der Heerscharen, hat uns den schnellen Sieg über Polen gewinnen lassen, durch den die Wehrmacht des Führers den alten Waffenruhm des deutschen Soldaten in nur achtzehn Tagen in unvergleichlicher Weise erneuerte. Dieser Sieg und die geschlossene Einsatzbereitschaft des ganzen Volkes und das Heldentum der deutschen Männer aller Waffengattungen, seitdem und nun bei dem blitzschnellen Vormarsch im Norden war das große Geschenk für Adolf Hitler in seinem nun zu Ende gehenden Lebensjahr, ein Geschenk voller Kraft der Zuversicht und des Vertrauens für die Zukunft. ... Wer wollte abseits stehen, wenn wir das neue Lebensjahr des Führers beginnen mit dem Gebet:

Hilf, Herr, lass wohl gelingen!
Herr, unser Gott, segne den Führer!" (ebd. Nr. 40, S. 107)
Und ein anderes Kirchenblatt druckt ein gereimtes Gebet ab:
„Wie hat dich Gott so überreich,
Du seltner Mann, gesegnet!
Wie ist er dir mit seiner Huld
So wunderbar begegnet!
Er legte es in deine Hand,
ein neues Reich zu schaffen:
„Großdeutschland", unser Vaterland,,
nicht mit Gewalt der Waffen.
Und wenn der Feind jetzt wutentbrannt
den Krieg uns aufgezwungen,
blitzartig und mit starker Hand
hast du den Sieg errungen.
Im Westen hältst du treue Wacht
Durch tapfere Soldaten!
Und wenn es donnert, blitzt und kracht,
der Herr lässt dir's geraten.
Er geb dir weiter Sieg auf Sieg
In diesem heißen Ringen,

Du, deutscher Adler, machtvoll flieg,
auch England zu bezwingen.
Herr, über unserm Führer halt
Der Allmacht starke Hände,
dass er mit Weisheit und mit Kraft
Sein großes Werk vollende."
(ebd. Nr. 42, 108)

Und in das allgemeine agendarische Kirchengebet wird eingefügt:
„Vor Deinem Angesicht, Herr Gott, himmlischer Vater, gedenken wir unseres Führers und Reichskanzlers, der am gestrigen Tage mitten im Kriege seinen Geburtstag beging. Wir danken Dir, dass Du in dieser entscheidungsvollen Zeit die Geschicke unseres Volkes in die starken Hände des Führers gelegt hast. Und wir bitten Dich, hilf Du ihm weiterhin, in den großen Aufgaben, die noch vor ihm und unserem ganzen Volke liegen, den rechten Weg zu finden und alles zu einem guten Ende und sieghaften Frieden zu führen. Uns allen aber hilf, dass wir unter seiner Führung freudig zu jedem Einsatz und jedem Opfer bereit sind, und im Gehorsam gegen deinen Willen unsere Pflicht an der Stelle tun, an die wir gestellt sind." (ebd. Nr. 43, S. 108f)

In einer Sammlung „Gebete der Kirche im Kriege" ist dieses Gebet zu finden:
„Herr, unser Gott. Wir gedenken in besonderer Weise des Führers und Kanzlers unseres Volkes. Du hast ihn bisher mit deiner Barmherzigkeit geleitet und sein Wirken im Frieden wie im Kriege mit Erfolg gekrönt. Du hast unter seiner Führung unser Vaterland behütet und bewahrt. Herr, dafür danken wir von ganzem Herzen. Wir bitten dich: gib Gnade, dass er seines schweren Amtes in Segen walten möge. Gib ihm rechten Rat und rechte Tat zur rechten Zeit. Lass uns hinter seinem starken Arm die Sonne deines Friedens bald wieder scheinen, und hilf, dass allenthalben unter uns dein Name geheiligt werde, dein Reich komme und dein Wille geschehe, dir zu Lob und Preis, unserm Volk zum zeitlich und ewigen Heil. Amen." (ebd. Nr. 44, 109)

Es ergibt sich ein eindeutiges Bild: Niemals ist in der deutschen Kirchengeschichte für einen Staatsmann so intensiv gebetet worden wie für den Führer. Ihm als Person und als Politiker galt die große Verehrung der überwiegenden Mehrheit der deutschen Protestanten quer durch alle kirchlich-theologischen Richtungen hindurch.

Am 2. September 1939 erlässt ein gerade einberufener Geistlicher Vertrauensrat, zusammengesetzt aus dem luth. Bischof Marahrens, dem DC-Bischof Schulz und dem Geistlichen Vizepräsidenten Hymmen den ersten Aufruf aus kirchenamtlicher, reichskirchlicher Feder:

„Seit dem gestrigen Tage steht unser deutsches Volk im Kampf für das Land seiner Väter, damit deutsches Blut zu deutschem Blut heimkehren darf. Die deutsche Evangelische Kirche stand immer in treuer Verbundenheit zum Schicksal des deutschen Volkes. Zu den Waffen aus Stahl hat sie unüberwindliche Kräfte aus dem Worte Gottes gereicht: die Zuversicht des Glaubens, dass unser Volk und jeder einzelne in Gottes Hand steht, und die Kraft des Gebetes, die uns in guten und bösen Tagen stark macht. So vereinigen wir uns auch in dieser Stunde mit unserem Volk in der Fürbitte für Führer und Reich, für die gesamte Wehrmacht und alle, die in der Heimat ihren Dienst für das Vaterland tun. Gott helfe uns, dass wir treu erfunden werden, und schenke uns einen Frieden der Gerechtigkeit!“ (ebd. Nr. 51, S. 127)

Und der Geistliche Vertrauensrat liefert ein Fürbittengebet:
„Herr, unser Gott! Vater unseres Herrn Jesu Christi!

Mit unserem Volk und für unser Volk kommen wir zu Dir, der Du der Herr bist über allem und der Vater, zu dessen Barmherzigkeit wir alle Zeit unsere Zuflucht nehmen dürfen. Du bist es, der uns aufs neue in eine Stunde der Bewährung hineinstellt. Wieder gehen wir wie schon so oft in unserer Geschichte den Weg ernster Prüfungen. Du warst es, der in den Jahrhunderten unserer Geschichte unserem Volke auch in allen Dunkelheiten das Licht der Hoffnung leuchten ließ und es immer wieder auch aus schweren Notzeiten heraus empor geführt hat. Noch in jüngster Vergangenheit hast Du uns aufstehen lassen aus Schmach und Not durch die Tat des Führers, den Du uns gabst.

Wir danken Dir, Du treuer Gott, in dieser Stunde dafür, dass wir, komme, was da kommen mag, wissen dürfen, dass Du Gedanken des Segens und des Friedens mit allen hast, die sich Deiner Gnade befehlen.

Du hast uns des gewiss gemacht in unserem Heiland Jesus Christus, unter dessen Kreuz wir uns sammeln. Du hast uns in ihm auch das Vorbild gegeben, wie erst in dem Einsatz des Lebens sich die Liebe bewährt und vollendet. Hilf uns, dass wir in der Kraft Christi bereit sind, reinen Herzens letzte Opfer zu bringen. Wir bitten Dich: Nimm gnädig und freundlich an auch unser Opfer der Liebe und Treue für unser Volk, unsere Hingabe und all unseren Dienst an der Front und daheim. Lass uns alle getragen und umfangen sein von Deinem heiligen und barmherzigen Willen, ob wir nun als Soldaten unsere Pflicht tun oder im Beruf und Haus, in den Werkstätten und auf den Äckern der Heimat. Erhalte und mehre täglich unsere Zuversicht, dass Du es bist, dem wir in diesen entscheidungsvollen Wochen dienen, der Du unser Volk geschaffen hast und uns die Liebe zu ihm ins Herz gabst.

Gib auch, dass wir als Deine Kinder und Nachfolger Deines lieben Sohnes einander in allen Lagen brüderlich zur Seite stehen. Lass unser Herz in der Kraft Deiner Liebe brennen für alle Volksgenossen, die in Not und Leid geraten, damit niemand einsam bleibt. In allem Dienst lass uns treu sein in der Erkenntnis, dass niemand Dir treu sein kann, der nicht seinem Volke bis zum Letzten die Treue zu halten vermag.

Herr, Du willst, dass die Völker in Gerechtigkeit und Freiheit leben nach den ewigen Gesetzen, in die Du alles menschliche Leben eingefügt hast. Segne Du unseren Kampf für die Ehre, für die Freiheit, für den Lebensraum des deutschen Volkes und sein Brot.

Segne Du unsere Wehrmacht auf dem Lande, zu Wasser und in der Luft. Segne allen Einsatz und alle Arbeit im deutschen Land, segne Du unseren Führer, wie Du ihn bisher bewahrt und gesegnet hast, und lass es ihm gelingen, dass er uns einen wahrhaftigen und gerechten Frieden gewinne, uns und den Völkern Europas zum Segen und Dir zur Ehre. In Deine Hände befehlen wir uns mit Leib und Seele, unser Volk und unser Reich, indem wir miteinander beten:

Vater unser..." (ebd. Nr. 53, 128 f)

Dies Fürbittengebet ist eine ganz eigenartige Mischung aus verschiedenen Elementen. Es ist zum einen im Stil eines traditionellen Kirchengebetes mit christologischen Einschüben gehalten, zum andern enthält es eine allgemeine Deutung der Geschichte Gottes mit dem deutschen Volk, die ihren Höhepunkt

in den Taten des Führers gefunden hat. Das Gebet ist eine Kompilation, ein Produkt aus üblicher Gebetssprache und spezieller Geschichtstheologie, ergänzt durch schöpfungstheologische Aussagen, die wiederum mit Hinweisen auf den Opfer- und Kreuzestod Jesu verschränkt werden. Auch berufsethische Sätze fehlen nicht. Und wenn für einen Frieden in Gerechtigkeit und Freiheit gebetet wird, so wird vorausgesetzt, dass es ein Friede sein wird, der den Lebensraum des Volkes und sein Brot sichert. – Was zu beachten ist: Nebeneinander stehen alte vertraute religiöse Formeln, schöpfungstheologische Bekenntnisse, aktuelle Kriegsaufgaben und völkisch-nationale Kriegsziele. Spezifisch politische Erwartungen sind in Gebetssprache umgesetzt worden. Das Gebet ist nur eine andere Form politischer Proklamationen. Der Gott, der hier angerufen wird, ist der Gott des deutschen Volkes, der immer schon für das deutsche Volk da war und jetzt wieder ganz besonders da sein will. Eine Kirche betet im Namen des Volkes völkisch, eine Kirche betet im Namen der Nation nationalistisch. Gott und manchmal auch Jesus werden die großen Erfüllungsgehilfen der Sehnsucht nach einer glanzvollen gesicherten Zukunft der deutschen Nation. Von diesem Gott erwartet man die Erfüllung dessen, was ohne ihn und vor seiner Anrufung längst formuliert war. Das Ganze ist mehr Beschwörung als Gebet, mehr Ausdruck politischer Religiosität.

Es folgt ein Erntedankfestgebet des Geistlichen Vertrauensrates:

„In tiefer Demut und Dankbarkeit beugen wir uns am heutigen Erntedankfest vor der Güte und Freundlichkeit unseres Gottes: wieder hat er Flur und Feld gesegnet, dass wir eine reiche Ernte in den Scheunen bergen durften; wieder hat er seine Verheißung an uns wahr gemacht, dass er uns Speise geben wird zu seiner Zeit.

Aber der Gott, der die Geschicke der Völker lenkt, hat unser deutsches Volk in diesem Jahr noch mit einer anderen, nicht weniger reichen

Ernte gesegnet. Der Kampf auf den polnischen Schlachtfeldern ist, wie unsere Heeresberichte in diesen Tagen mit Stolz feststellen konnten, beendet, unsere deutschen Brüder und Schwestern in Polen sind von allen Schrecken und Bedrängnissen Leibes und der Seele erlöst, die sie lange Jahre hindurch und besonders in den letzten Monaten ertragen mussten. Wie könnten wir Gott dafür genugsam danken!

Wir danken ihm, dass er unseren Waffen einen schnellen Sieg gegeben hat. Wir danken ihm, dass uralter deutscher Boden zum Vaterland heimkehren durfte und unsere deutschen Brüder nunmehr frei und in ihrer Zunge Gott im Himmel Lieder singen können. Wir danken ihm, dass jahrzehntelanges Unrecht durch das Geschenk seiner Gnade zerbrochen und die Bahn freigemacht ist für eine neue Ordnung der Völker, für einen Frieden der Ehre und Gerechtigkeit. Und mit diesem Dank gegen Gott verbinden wir den Dank gegen alle, die in wenigen Wochen eine solche gewaltige Wende heraufgeführt haben: gegen den Führer und seine Generale, gegen unsere tapferen Soldaten auf dem Lande, zu Wasser und in der Luft, die freudig ihr Leben für das Vaterland eingesetzt haben.

Wir loben Dich droben, Du Lenker der Schlachten, und flehen, Du mögst stehen uns fernerhin bei." (ebd. Nr. 54, S. 129)

Das dürfte die endgültige Perversion eines Kriegsgebetes sein. Hier wird alles noch halbwegs theologische Denken verschlungen von der Anbetung Gottes als des Lenkers der Schlachten, als des Herrn der Heerscharen. In diesem Dankgebet sind alle Aussagen der traditionellen „Kriegstheologie" des Ersten Weltkriegs wieder zusammen: Gott befreit aus den Händen der Feinde, Gott hebt alles Unrecht wieder auf, Gott eröffnet eine neue Friedensordnung der Ehre und Gerechtigkeit für das deutsche Volk. Gottes Welt- und Geschichtshandeln ist mit Augen zu sehen und mit Händen zu greifen. Er gibt seinen Geschichtswillen kund, indem er Waffen segnet und Sieg gibt. Im Kriegsgeschehen ist er mit seinem Willen gegenwärtig.

Dem Dank Gott gegenüber korrespondiert der Dank gegenüber den Soldaten mit dem Führer und seinen Generälen an der Spitze. Sie alle sind Vollstrecker des Weltwillens Gottes. Sie sind Werkzeuge in seiner Hand. Sie vollziehen, was Gott als gnädigen Willen für das deutsche Volk beschlossen hat.

Dieses Gebet gibt eine allgemeine Geschichtsfrömmigkeit wieder, die immer große Popularität gehabt hat. Ist nicht der Sieg der große Segen? Offenbart er nicht den Stärkeren, der das Recht hat, die Bedingungen für die Zukunft zu bestimmen? Dieses Gebet ist in Sprache und Geist ein typisches Siegergebet. Dass es bei dem zurückliegenden Waffengang Tote und Verletzte gegeben hat, dass Leid über viele Einzelne und Familien gekommen ist, dass Unschuldige im Kriegsgeschehen mit sterben mussten, dass Dörfer und Städte zerstört wurden – diese ganze Kriegswirklichkeit wird nicht einmal angedeutet. Der Mythos vom Sieg verschlingt die Nachtseiten des Geschehens. Ein triumphales Gebet verträgt nicht die Anwesenheit der ganzen Kriegswirklichkeit.

Die Gebetssprache ist inhaltlich der Propagandasprache gleichgeschaltet. Die Gebete sind inhaltlich Reichstagsreden Hitlers in religiöser Sprache. Sie sind inhaltlich hymnisch gebetetes Selbstverständnis der Partei- und Staatsführung. Und sie geben wieder, was man selbst von Gott erwartet. In Gott wird alles eingetragen, was man an Verständnis von sich selbst und an Hoffnung mit sich selbst herumträgt. Er sichert die Objektivität der subjektiven Erwartungen über den Gang der Geschichte. Gott ist das große Traditionswort für das neue nationale Über-Ich. Man sagt Gott und ist nur bei sich selbst.

Diese Dokumente übernehmen voll die offizielle Lesart in der Kriegszielfrage: Heimkehr des deutschen Blutes ins Reich. Die Rolle der Kirche: „Zu den Waffen aus Stahl die unüberwindlichen Kräfte aus dem Worte Gottes".

Hier ist formuliert, was man die „seelische Mobilmachung" genannt hat: Die Kirche stärkt mit ihrer Verkündigung und mit ihrer Seelsorge, mit ihren Gebeten für die Front und die Heimat und mit ihren vielfältigen Heimat- und Frontdiensten die moralische Kraft des kriegführenden Volkes. Kirche wird ein Teil des Volkes im Kriegszustand. Mit zur Situation passenden Aussagen aus der Schrift, aus dem Katechismus und dem Gesangbuch stärkt sie die Bereitschaft, Opfer im Einzelnen und das Opfer des Lebens zu bringen. Pflichtgemäßer Gehorsam im Handeln und das Sterben für das Vaterland werden die beiden großen Themen der konkreten Kriegsseelsorge.

Aufschlussreich sind die Verlautbarungen noch bestehender evangelischer Verbände: Der Evangelische Bund lässt verlauten:

„In dem Kampf für die Freiheit und Ehre unseres Volkes ist uns der Führer verpflichtendes Vorbild. Wir befehlen ihn, sein Tun und Leben und den Sieg unserer Sache als Christen der Gnade und wollen in Gehorsam und Opferbereitschaft unser Bestes geben. In dieser Schicksalsstunde unseres Volkes bitten wir Gott den Herrn, uns bis zum siegreichen Ende in unserem Kampf beizustehen und aus dem Opfergang unseres Volkes einen neuen Anfang wahrer Gottesfurcht und zuchtvollen Glaubens zu machen. Die evangelischen Christen sollen darin Vorbild für unser Volk sein. Lasst uns darum mit neuer Treue unsere Häuser zu Stätten des Gebets, der Zucht und des Gottvertrauens machen und im Kreis der Kameraden und Volksgenossen durch unser Sein, Wort und Tun die lebendige, volksbauende Kraft unseres evangelischen Glaubens bewähren.…" (ebd. Nr. 58, 132f)

Und die Frauenhilfe hat am 1. September 1939 verlauten lassen:

„Der Führer hat das Volk aufgerufen zur Verteidigung seiner Lebensrechte. Die Männer stehen unter den Waffen. Auf den Frauen und Müttern ruht eine große Verantwortung, größer als je. Es gilt, alle Kräfte anzuspannen, um die vor uns liegenden Aufgaben zu erfüllen. Die Frauen der Kirche werden in aller Treue ihre Pflicht tun, des sind wir gewiss. Wie Eure Männer und Söhne draußen die Heimat schützen, so müsst ihr die Heimat von innen schützen – gegen den inneren Feind, gegen den Geist der Sorge, gegen alle Mächte der Zersetzung. Treue und Opferwilligkeit, Güte und Hilfsbereitschaft, Ehrlichkeit und Ehrbarkeit soll unter uns herrschen. In Gottes Wort und Gnade finden wir die Kraft dazu.

Gott schütze und erhalte unser liebes Volk. Lasst uns nicht aufhören darum zu bitten!" (ebd. Nr. 61, S. 134)

Tausende von Seiten ließen sich füllen, wenn man das kirchliche Schrifttum dieser Wochen durchgeht, das die religiöse Interpretation des Krieges bringt. Inhaltlich ist es die Renaissance der Weltkriegstheologie:

– Gott segnet die deutschen Waffen. Er ist der „Gott der Heerscharen", der die gerechte Sache siegen lässt. Gott, der die Deutschen als Volk geschaffen hat, will das an ihm durch die Feinde begangene Unrecht wieder gut machen und Deutschland zu neuer Handlungsfreiheit unter den Völkern führen.

– Der einzelne Deutsche steht in der Pflicht, für sein Volk sein Leben einzusetzen. Für ihn gilt der im Feldgesangbuch abgedruckte „Fahneneid des deutschen Soldaten": „Ich schwöre bei Gott diesen heiligen Eid, dass ich dem Führer des deutschen Reiches und Volkes, Adolf Hitler, dem Obersten Befehlshaber der Wehrmacht, unbedingten Gehorsam leisten und als tapferer Soldat bereit sein will, jederzeit für diesen Eid mein Leben einzusetzen."

– Dazu kommen die „Berufspflichten des deutschen Soldaten", die auch im Feldgesangbuch abgedruckt sind:

„1. Die Wehrmacht ist der Waffenträger des deutschen Volkes. Sie schützt das Deutsche Reich und Vaterland, das im Nationalsozialismus geeinte deutsche Volk und seinen Lebensraum. Die Wurzeln ihrer Kraft liegen in einer ruhmreichen Vergangenheit, in deutschem Volkstum, deutscher Erde und deutscher Arbeit. Der Dienst in der Wehrmacht ist Ehrendienst am deutschen Volk.

2. Die Ehre des Soldaten liegt im bedingungslosen Einsatz seiner Person für Volk und Vaterland bis zur Opferung seines Lebens.

3. Höchste Soldatentugend ist der kämpferische Mut. Er fordert Härte und Entschlossenheit. Feigheit ist schimpflich, Zaudern unsoldatisch.

4. Gehorsam ist die Grundlage der Wehrmacht, Vertrauen die Grundlage des Gehorsams. Soldatisches Führertum beruht auf Verantwortungsfreude, überlegenem Können und unermüdlicher Fürsorge.

5. *Große Leistungen in Krieg und Frieden entstehen nur in unerschütterlicher Kampfgemeinschaft von Führer und Truppe.*
6. *Kampfgemeinschaft erfordert Kameradschaft. Sie bewährt sich besonders in Not und Gefahr.*
7. *Selbstbewusst und doch bescheiden, aufrecht und treu, gottesfürchtig und wahrhaft, verschwiegen und unbestechlich soll der Soldat dem ganzen Volk ein Vorbild männlicher Kraft sein. Nur Leistungen berechtigen zum Stolz.*
8. *Größten Lohn und höchstes Glück findet der Soldat im Bewusstsein freudig erfüllter Pflicht. Charakter und Leistung bestimmen seinen Weg und Wert."* (ebd. Nr. 34, S. 104f)

Und noch ein letztes Beispiel für die volle Identifizierung eines kirchenleitenden Organs mit dem NS-Krieg: Mach dem Überfall auf die Sowjetunion heißt es in einer Kundgebung des Thüringischen Landeskirchenrates vom 6. August 1941:

„Unser Volk steht in einem beispiellosen Kampf um die Ordnung Europas und der Welt. Der Kampf, den wir heute ausfechten, ist im tiefsten Sinne ein Kampf zwischen den göttlichen und satanischen Mächten der Welt, zwischen Christus und dem Antichrist, zwischen Licht und Finsternis, zwischen Liebe und Hass, zwischen Ordnung und Chaos, zwischen dem ewigen Deutschen und dem ewigen Juden.

In diesem Kampfe haben sich englische und amerikanische Priester, die Vertreter eines internationalen Weltkirchentums, mit dem Satan verbrüdert. Sie haben durch den Bruderkuss, den sie dem bolschewistischen Judas gaben, Christus abermals verraten und erneut ans Kreuz geschlagen. Dieses internationale Weltchristentum spricht noch immer von den Juden als von einem „auserwählten Volk", und das in einem Augenblick, in dem Gottes Hand ausholt, eben dieses Volk zu vernichten. Das internationale Weltchristentum schweigt gegenüber dem unerhörten Attentat des Bolschewismus auf alle Religion, Kultur und Gesittung.

Auch in manchen deutschen Kirchen wird leider nur das Wort gehört, das Gott in der Vergangenheit sprach. Das Wort, das er heute durch den Führer spricht: „Es werde Ordnung" wird nicht gehört.

Neun Jahre hindurch ist dieses Wort erklungen. Aber neun Jahre hat man in vielen Kirchen weder gehört noch gepredigt. Diese Prediger sind auf der Stelle getreten und haben nach rückwärts geschaut, während der Sturmschritt der deutschen Bataillone und der deutschen Jugend die Zukunft eroberte.

Diese Art von Kirchen hat gegen Gott gestanden und ist damit gerichtet! Wir erklären namens der Thüringer Evangelischen Kirche vor Adolf Hitler und Deutschland, vor Gott und der Welt:

Wir stehen gegen ein Christentum, das sich mit dem Bolschewismus verbündet, in den Juden das auserwählte Volk sieht und unser Volk und unsere Rasse als Gottesgaben leugnet.

Wir haben mit dem internationalen Weltkirchentum in jeder Form nichts zu tun. Wir gehören einzig und allein unserem deutschen Volk und seiner Sendung.

Wir bekennen uns bedingungslos zum Führer und zu Deutschland.

Wir bekennen uns zu einem artgemäßen deutschen Glauben.

Wir bekennen uns zu Gott, dem Allmächtigen, dem Schöpfer Himmels und der Erde, und geloben, seine Mitschöpfer und Mitarbeiter zu werden.

Wir bekennen uns zu Christus und zu seiner Botschaft, dass Gott der Vater ist, und geloben, mit ihm gläubig und tapfer wie der Ritter zwischen Tod und Teufel durch alle Dunkelheiten zu schreiten wie in ein großes Licht.

Wir bekennen uns zu dem allwaltenden Gottesgeist, der heute unser Volk besonders berufen hat, und geloben, nicht zu rasten und zu ruhen, bis es wirklich ein einig Volk von Brüdern werde: Volk vor Gott.

Wir gedenken in Ehrfurcht der Männer, die für Führer und Reich das letzte Opfer brachten und geloben, uns durch ihr Opfer bis zum letzten Atemzug für Deutschland verpflichten zu lassen.

Wir gedenken in Ehrfurcht aller, die um sie trauern.

Wir gedenken dankbar unserer gesamten Wehrmacht und ihres Führers und bitten den Allmächtigen, dass er sie bald mit dem Endsieg kröne.

Uns alle eint die feste Zuversicht:

Und wenn die Welt voll Teufel wär
und wollt uns gar verschlingen,
so fürchten wir uns nicht so sehr,
es soll uns doch gelingen!
Das Reich muss uns doch bleiben!" (KJ 467f)

ABER – es wäre eine unverantwortliche Verkürzung des Gesamtbildes, wollte man den Geist und die Theologie, die aus den zitierten kirchenoffiziellen und gemeinprotestantischen Dokumenten sprechen, für das Ganze der evangelischen Kriegspredigten nehmen. Was und wie die Mehrheit der Ortspfarrer gepredigt hat, ist uns kaum bekannt, da ihre Predigten nicht oder selten veröffentlicht worden sind. Auch wurde zu dieser Zeit nichts gedruckt, was nicht durch die staatliche Zensur gegangen war. Ob sich eine Mehrheit der Prediger vor Ort an dem Ausverkauf evangelischer Verkündigung und kirchlicher Lehre beteiligt hat, wird aus Mangel an Quellen nicht mehr exakt auszumachen sein.

Was wir zunächst haben, sind größere Reflexionen in theologischen Zeitschriften, die sich in Bindung an Worte und den Geist der Schrift wie an reformatorischen Bekenntnisaussagen halten. Für eine lutherische Argumentation steht ein Wort des Bayerischen Landesbischofs Meiser in seinen „Richtlinien für die evangelische Verkündigung im Krieg". Sie beginnen mit dem zentralen Satz:

„Es gibt nur ein Evangelium. Darum haben wir im Kriege keine andere Verkündigung zu treiben als im Frieden. Auch der Krieg ändert nicht die theologischen Grundlagen der Verkündigung." Und weiter:

„Wir haben auch im Krieg das ganze Evangelium zu verkündigen. Es gibt zu keiner Zeit ein Moratorium der Wahrheitsfrage. Wir haben der Versuchung zu widerstehen, das zu predigen, wonach unseren Hörern „die Ohren jucken" ...

Wir müssen „christlich" predigen, den 2. Glaubensartikel wirklich „in der Mitte" lassen: Christi Menschwerdung, der Trost seines Kreuzes, die Erlösung durch sein Blut, die Gliedschaft an seinem Leibe, die Vergebung der Sünden, die Hoffnung des ewigen Lebens sind auch in der Zeit des Krieges für uns Christen die Quellen der Kraft ...

Es gilt gerade jetzt mit allgemein religiösen Themen besonders vorsichtig zu sein. Diese werden fälschlich mit dem 1. Glaubensartikel gerechtfertigt. Man glaubt hier den rechten Anknüpfungspunkt gefunden zu haben und dem religiösen Gefühl der Zeit besonders nahe zu sein ....

... Unsere Aufgabe: Die Nöte des Krieges ganz und gar hinein zu nehmen in unsere Verkündigung und sie in der Kraft Christi zu überwinden. Wir müssen gerade jetzt rechte Seelsorger werden ...

Die Geschichte ist aber nicht das Thema unserer Predigt. Der deus absconditus ist auch für den Prediger ein Geheimnis, das er nicht ergründen kann. ... Wir sind nicht in Gottes Ratsstube gesessen. Wir sollen uns daher vor vorwitziger Geschichtstheologie hüten. So sind politische Kombinationen oder Vermutungen nicht Aufgabe des Predigers. Es verbietet sich nach der Weise der Heils- und Unheilspropheten das Geschehen zu deuten und die Zukunft voraussagen ...

Wir können den uns im Kriege aufgetragenen Dienst in aller Freudigkeit leisten, weil wir wissen, es ist der beste Dienst, den wir unserem Volk in dieser Zeit tun. Wir dürfen ihm eine frohe Botschaft bringen, das Evangelium von der unwandelbaren Treue und Liebe unseres Gottes. Wir dürfen bezeugen: Not und Krieg sind das opus alienum Gottes an uns, ein opus proprium aber ist zu helfen und zu vergeben, lebendig und froh zu machen. Dieser Predigt von dem Heil in Jesus Christus dient unsere ganze Arbeit."

Solche und ähnliche Positionen hat es eben auch gegeben. Diese Konzentration auf schrift- und bekenntnisorientierte Theologie ist angesichts ungehemmter nationalvölkischer Religiosität ein klares Nein gegen das dem Zeitgeist angepasste Predigen auf deutsch-christlichen Kanzeln.

Aber auch für diesen Bischof gilt:

„Jeder Krieg bildet eine Belastungsprobe für das sittliche Leben eines Volkes. Darum gilt es in Zeiten des Krieges den primus usus legis mit Nachdruck zu predigen. Die Volksordnung, in die wir nach Gottes Willen hineingeboren sind, ist eine gute Gabe Gottes. Deshalb werden wir unserem Volk in Kriegszeiten mit besonderer Treue dienen, der

Obrigkeit gehorchen und dort, wo wir hingestellt sind, frei und freudig unsere Pflicht tun. Wir werden auf unserem Posten ausharren, auch wenn es schwerfällt."

Was auffällt, ist dieses: Es wird allgemein vom Krieg geredet. Nach dem besonderen Wesen dieses Krieges von 1939 wird nicht gefragt. Dieser aber wird geführt von einem totalitären NS-System, dem eine bestimmte Weltanschauung zugrunde lag, die die Praxis der Kriegsführung wie auch die Kriegsziele bestimmte.

Einer der ganz wenigen Theologen, der den Krieg als nationalsozialistischen Krieg interpretierte, war der Niederlausitzer Dorfpfarrer Günter Jacob. Er veröffentlichte schon 1935 einen Vortrag mit dem Titel „Glaube und Fanatismus", den er vor den Studentenschaften der Bekennenden Kirche in Berlin und Breslau gehalten hat, veröffentlicht in der „Evangelischen Theologie 1935", (wieder abgedruckt in: Die Versuchung der Kirche, Göttingen 1946, 22 ff):

Er beginnt mit dem Satz: *„Als neuer Menschentypus wird heute der politische Soldat proklamiert."* Aufgehoben ist alle private Existenz. Er soll sein *„Repräsentant und Propagandist jener Weltanschauung, die vom Staat als der das Leben schlechthin bindende und tragende Mythus verkündigt wird... So wird von ihm nicht nur die Blindheit des Gehorsams und die schlechthin vorbehaltlose Anerkennung aller Befehle und Weisungen der Führung gefordert, sondern der Enthusiasmus dessen, der sich als Missionar des politischen Evangeliums berufen weiß und sich solchem Rufe mit religiöser Inbrunst fanatisch verschworen hat. Er soll der „Apostel" der Bewegung sein, der Apostel, dessen privates Dasein ganz aufgehoben wird und sich verzehrt im Dienst der Verkündigung und Verwirklichung der politischen Heilslehre. So ist er ausgesandt: erfüllt vom hohen Sendungsbewusstsein, gebunden in letzter Disziplin an den Führer, dessen Person und Lehre jenseits des Apostelkreises gleichsam von der Transzendenz her als Mitte des Kultus in die Erscheinung tritt, mit heiliger Unduldsamkeit das politische Evangelium verkündend und predigend, mit solcher Predigt von Tag zu Tag weiter vorstoßend in die letzten heute noch abseits stehenden Gehäuse individueller Freiheit, in die letzten bislang noch wenig beachteten Zonen* *subtiler Innerlichkeit, um auch sie endlich zu besetzen im Namen der Bewegung, die grundsätzlich und wesensgemäß den Anspruch auf Totalität erhebt und also nirgends einen Reservatbezirk dulden kann.*

Dieses Existenzideal des politischen Soldaten, das wir in den religiösen Kategorien umschrieben haben, …. ist leidenschaftlich umstritten. Die christliche Verkündigung ist hier auf den Plan gerufen, durch den religiösen Gehalt und die sakrale Atmosphäre, in der heute die politische Rede zur Predigt erhoben wird, das politische Kampflied zum Choral, die politische Propaganda zur Mission, der politische Aufmarsch zur Prozession, das politische Fest zur kultischen Feier, die politische Arbeit zum Gottesdienst, die politischen Gefallenen zu Märtyrern, der politische Führer zum religiösen Urbild und die politische Stunde zur Zeitenwende im heilsgeschichtlichen Sinn. …"

Der Nationalsozialismus ist für Jacobs eine „politische Religion", die mit ihrem Enthusiasmus und mit ihrem Fanatismus das Ziel hat, das Böse aus dieser Welt zu vertreiben und das Christliche zu verdrängen. Die politische Botschaft wird zum Gegenevangelium, das „nun mit dem Anspruch auf letzte Sinnerfüllung und zutiefst verpflichtende Wegweisung für das Dasein" auftritt. Es ergibt sich ein innerer Zusammenhang von „Utopie und Tyrannei".

Dem gegenüber ist es die Aufgabe der aktuellen Predigt, konkret zu sagen, *„wo heute die Dämonen am Werke sind …. Denn dies ist die unheimliche Versuchung des Menschen der Gegenwart: die Versuchung, in den Bann des politischen Leitbildes letztlich verstrickt zu sein …Angesichts dieser höchst konkreten Versuchung darf die Predigt nicht in der Starre liturgischer Rezitation verharren, sondern muss die Verkündigung aktualisieren in den Horizont der Gegenwart! Dies wird der priesterliche Dienst der Kirche Christi sein müssen heute in dieser Zeit: die Entdeckung und die Überwindung der Dämonen, der Dämonen, die in der Maske der politischen Religion auf dem Plane sind und Fanatismus entzünden, durch die Predigt des Wortes, das in die Kindschaft in Gott beruft."*

Hier wird durch einen Dorfpfarrer klar und deutlich gesagt, dass die Inhalte der „politischen Religion" des Nationalsozialismus die Freisetzung dämonischer Gewalten bedeuten, die mit ihrem Absolutheitsanspruch und mit ihrem Fanatismus gegen die Botschaft von der Gotteskindschaft der Menschen stehen. Hier ist ein inhaltlicher und struktureller Gegensatz von Nationalsozialismus und evangelischem Glauben formuliert. Dieser Pfarrer hält nun im Oktober 1939 vor der Pfarrerschaft der Niederlausitz einen Vortrag über die „Verkündigung im Krieg". (in: Die Versuchung der Kirche, 110 ff)

Am Anfang steht ein wichtiger Satz: es geht nicht um den „Krieg im Allgemeinen", sondern um den gegenwärtigen Krieg:

„Da bestürmen uns heute die Menschen mit ihren Urteilen und mit ihren Fragen: die vom politischen Enthusiasmus Hingerissenen, in deren Schau dieser Krieg sich als ein gerechter und heiliger Krieg darstellt, die im Fortgange der Ereignisse die Stimme eines Gottes hören, der mit unserem Reiche so sichtbar im Bunde sei, eben jenes Herrgotts, der in den öffentlichen Proklamationen angerufen wird und sie erwarten von uns, dass wir diese gläubige Schau der Ereignisse als die eigentlich christliche anerkennen, und da wiederum stehen vor uns Christenmenschen, deren Herz unter den Erschütterungen der Zeit zu zerbrechen droht, die mit innerem Erschauern durch eine Weltenstunde gehen, deren unheimlich apokalyptische Züge sich immer deutlicher enthüllen. Auch diese Menschen, – und es werden ja nur wirklich gereifte Christen sein, die in solcher Schau im Widerstand gegen alle öffentliche Propaganda und allgemeine Stimmung verharren – bedrängen uns mit ihren Fragen, ob wir als Christen nicht jetzt in unserem Volk in eine Bundesgenossenschaft mit satanischen Mächten gedrängt werden und mit unserer patriotischen Pflichterfüllung zwangsläufig dem Antichrist und seinen Trabanten den Weg bereiten müssen."

Wie sollen sich in dieser Situation die Prediger und Seelsorger verhalten? Grundsätzlich gilt:

„Wir haben nicht das Recht, unter Anrufung der Autorität des lebendigen Gottes eine bestimmte politische Deutung der Weltgeschichte in der Gegenwart – sei es die amtlich propagierte, sei es die oppositionelle, wozu freilich im Ernst niemand den Mut aufbringen wird! – als

*die rechte Auslegung des göttlichen Willens in die Sphäre des Absoluten
zu erheben."*

*„Wir haben wieder gelernt, was es um den Auftrag eines Predigers
Gottes im Unterschied zu den Pseudopropheten ist, die für die religiöse
Begleitmusik Sorge tragen, und was es um die Verkündigung der Kirche
im Gegensatz zu aller öffentlichen, politischen, weltanschaulichen und
religiösen Verkündigung ist. Wir sind daher gewappnet gegen die Ver-
suchungen, die Stimme des Volkes zur Stimme des lebendigen Gottes,
die Meinung der Zeitung zur Wahrheit der Offenbarung und die Deutung
der amtlichen Propaganda zur Prophetie im Wächteramt der Kirche
zu erheben ..."*

Und nun folgen Sätze, die zu Anfang des Krieges ganz selten zu hören waren:

*„Wir sind nicht Priester des Jupiter und Mars, nicht Tempelhüter
der Dea Germania, nicht Propagandisten des Nationalgottes, die als
geheime Vertraute solchen Nationalgottes den Gang der Ereignisse se-
herisch zu deuten hätten, sondern wir sind Diener des Dreieinigen
Gottes. Wir haben nicht irgendwelche religiösen Gefühle irgendwelchen
Schicksalsmächten gegenüber zu wecken, sondern wir haben vom Kreuz
Christi her in der Auslegung der Heiligen Schrift Gesetz und Evangelium
zu predigen. Wir können uns nicht, wie es die staatskirchlichen Behörden
tun, als Funktionäre zur Pflege und Stärkung der seelischen Wider-
standsenergien den militärischen Kommandostellen in empfehlende
Erinnerung bringen, sondern wir haben das Gericht und die Gnade
Gottes über den Völkern und über den Einzelnen zu bezeugen. Wohl
uns, wenn wir sehen, wie schmal der Weg ist über jenen grauenvollen
Abgrund, in dem wir aus einem Prediger des Evangeliums Christi ein
Priester des Nationalgottes geworden sind! Wohl uns, wenn wir wissen,
welch ein schamloser Missbrauch des Namens Gottes und der Autorität
des geistlichen Amtes es ist, wenn wir politische Urteile und politische
Deutungen der Ereignisse als Kanzelabkündigung oder als Predigtsätze
zu dogmatischen Wahrheiten erheben! Wohl uns, wenn wir sehen, dass
es wahrlich auch ein Gräuel der Verwüstung ist, wenn durch den politischen Enthusiasmus oder auch durch politische Opposition im Hei-*

ligtum Gottes die Stimme des Herrn der Kirche von den lauten Stimmen der Zeitmächte zum Schweigen gebracht wird!"

Das öffentlich gesagt zu haben, bedeutete persönlichen Mut.

Ob Günter Jacob nun im Folgenden das Problem der Predigt zwischen den Gefahren, nur Zeitpredigt oder nur orthodoxe Predigt zu sein, entfaltet oder über die Predigt als seelsorgerliches Handeln oder über die Notwendigkeit des unauflöslichen Zusammenhangs von Gesetz und Evangelium oder über den Ansatz aller heilsgeschichtlichen Pseudoprophetie oder über die Verführung zur Geschichtstheologie handelt – immer geht es ihm um die Predigt des einen Wortes Gottes als Gesetz und Evangelium, die vor allen Vermischungen der Botschaft mit dem Zeitgeist und vor allen Verwirrungen in der Deutung geschichtlicher Ereignisse allein bewahren kann:

„Sie zerstört die Menge der Götzen, die eine Nation oder ein Volk oder eine Rasse sich erbildet und erdichtet haben. Sie fegt die selbstgemachten Götter, die groben und die sublimierteren, hinweg."

Deutlich wird bei Jacobs, dass die Predigt der Offenbarung Gottes in Jesus Christus von ihren Inhalten her auch politisch der stärkste Widerstand gegen allen politischen Messianismus und pseudoreligiöse Interpretationen von Mensch, Welt und Geschichte sein kann. Die Evangeliumspredigt kann die Entmythologisierung des nationalen Religionsbetriebes als „hemmungslose Pseudoprophetie" bewirken, die den Versuch macht, die „besondere Heilsgeschichte des eigenen Volkes aus der Perspektive des Ewigen zu enthüllen." Dagegen muss nach ihm klar gesagt werden:

„Die Anschauung von der Heilsgeschichte der einzelnen Völker hat nirgends Raum in der Heiligen Schrift. Ante Christum werden die Völker der Welt nicht im Sinne einer romantischen Schöpfungstheologie in einer individuellen personhaften Eigenständigkeit, sondern nur in ihrer Beziehung auf das erwählte Volk als den Repräsentanten der Kirche Christi gesehen, post Christum ist alle Geschichte nicht Heilsgeschichte einzelner Völker, sondern Geschichte des Volkes Gottes, Geschichte der Kirche Christi in der Begegnung mit Menschen aus allerlei Volk."

In der Kriegstheologie hingegen wird

„die Geschichte bzw. Heilsgeschichte einzelner Völker verstanden, über denen dann irgendwo in metaphysischen Regionen ein phantastisches Reich Gottes schwebt. Das Wissen um die in der Heiligen Schrift entdeckte Tiefe aller Geschichte als der Geschichte des Volkes Gottes im Zusammenprall mit den Mächten der Welt ist völlig verschüttet. Damit ist auch das Bewusstsein um die Einheit der Christenheit auf Erden, um die heilige apostolische Kirche, die die verborgene Mitte aller Weltgeschichte ist, völlig entglitten.“

Angesichts dieser fundamentalen Kritik der pseudoprophetischen Predigt, die immer die Versuchung bei weltgeschichtlichen Erschütterungen ist, wird für Jacobs die Frage zentral, ob und wie gebetet werden kann. Grundsätzlich gilt für ihn:

„Auch darin muss unser Gebet sich von dem Gebet der Weltkriegszeit unterscheiden, dass das Gebet als Gebet der christlichen Gemeinde in der Gliedschaft an der einen heiligen apostolischen Kirche und im Rahmen christlicher Geschichtsschau auch in Zeiten, wo die Völker hart im unversöhnlichen Kampf miteinander stehen, doch die ganze Christenheit auf Erden, das Wachstum der wahren Kirche Christi, die Einheit des Leibes Christi und das Kommen des Gottesreiches als Anbruch des Jüngsten Tages im Auge hat. Im Gebet der christlichen Gemeinde darf doch die geistliche Reife nicht von den starken Affekten des natürlichen Menschen überwuchert und erstickt werden.“

Das Gebet kann nicht die ökumenische Einheit der Christenheit zerstören.

Zu unterscheiden sind nun nach ihm die Gebete von Einzelnen, die sehr verschiedene politische und religiöse Sichten im Blick auf den Krieg haben können. Deshalb müssen die öffentlichen Gebete so gehalten sein, *„dass sie von allen, die sich zum christlichen Glauben bekennen, unbeschadet ihrer unterschiedlichen politischen Sicht und ihrer sich möglicherweise widersprechenden Deutung der gegenwärtigen Weltstunde, mitgebetet werden können …. Im öffentlichen Gebet der Christenheit kann ein Gebet um den Sieg der eigenen Waffen niemals*

Raum haben. Das Gebet der Christenheit darf nicht zum Situationsgebet entarten, das nun jeweils nach dem Stand der Ereignisse, wie er sich der begrenzten Sicht darstellt, ein Dankgebet für erfochtene Siege oder ein Bittgebet um neue Siege sein könnte! ... Politische Urteile und Geschichtsdeutungen, die nicht aus letzter Vollmacht kommen, haben keinen Raum im öffentlichen und gottesdienstlichen Gebet der Christenheit. Der Einzelne kann wohl im Kämmerlein ein Dankgebet für den Sieg der Waffen oder auch ein Gebet um Verstoßung der Tyrannen vom Throne beten, im öffentlichen Gebet der Christenheit darf weder durch das eine noch durch das andere Gebet ein unerträglicher Zwang auf Christen ausgeübt werden. Dieses Nebeneinander, das zur Zeit nicht aufgelöst werden kann, ist nicht Ausdruck einer Sophistik, sondern das Zeichen der Ohnmacht heutiger Christenheit, der die Gabe der Scheidung der Geister, die Gabe der Erkenntnis der Zeichen der Zeit auf eine schuldhafte Weise mangelt. Mit dem Eingeständnis solcher Ohnmacht dürfen wir uns natürlich nicht zufriedengeben, sondern wir müssen unter den Erschütterungen dieser Zeit mit der Kirche gemeinsam ringen um eine geistliche Schau und Erkenntnis der Zeichen der Zeit. Es ist das prophetische Amt, das in der Kirche mehr und mehr verstummt und auf eine furchtbare Weise von den tausend Stimmen der Pseudoprophetie überwuchert ist.

In solcher Ohnmacht muss die Kirche heute schweigen zu den Ereignissen der Zeit und muss sich auf den Ruf an den Einzelnen und auf den Ruf an die christliche Gemeinde beschränken, der Gesetz und Evangelium ohne willkürliche Akzentuierung zu vergegenwärtigen sind! Dieses Schweigen der Ohnmacht in der schmerzhaften Erkenntnis gegenwärtiger Unfähigkeit zur prophetischen Schau und Deutung der Weltgeschichte darf natürlich nicht zum Versteck und zur Zuflucht werden vor den Stürmen der Zeit! Inmitten dieses Schweigens muss das Ringen um eine vollmächtige Schau der Stunde und das Beten um die Gabe des Geistes im Gange bleiben, damit das verschüttete prophetische Amt in der Christenheit wiederentdeckt werde."

Im Sinne dieses geistlichen Rates haben in der Tat etliche Prediger gehandelt. In dem kaum noch zu überschauenden Wirrwarr der Stimmen haben sie sich auf textgebundene Predigten und auf Einzelseelsorge konzentriert. Sie kehrten zu ihrer ihnen aufgetragenen „Sache" zurück. Aber sie stellten sich gleichzeitig die Frage, ob diese Konzentrationsbewegung, so notwendig sie zur kirchlich-theologischen Gesundung war, nicht auch zur Flucht vor der Bewältigung unmittelbarer Probleme werden kann.

Die Aufgabe blieb, von der „Sache" her zur „Lage" zu sprechen.

Nachzuweisen ist, dass dies von vielen Theologen und Predigern versucht worden ist. Im Ganzen jedoch bleibt festzustellen, dass die kirchliche Predigtpraxis keine nennenswerte Beunruhigung des Geistes und der Praxis des totalen NS-Systems gebracht hat, auch wenn einzelne Pfarrer und evangelische Laien Mutiges und Risikoreiches gesagt haben. Die Kirche hat gegen die entfesselten Dämonien eines aggressiven Nationalismus mit dem Ziel der Unterdrückung und Ausbeutung anderer Völker, mit seinem militanten Rassismus mit dem Ziel der Ausrottung sog. minderwertiger Rassen und mit der Entwicklung einer totalen Kriegspraxis keinen nennenswerten Widerstand leisten können. Und auch gegen die Erziehung der Jugend zu einem militanten Denken wie gegen die biologistischen Elemente der NS-Weltanschauung hat sie nur hinhaltende Widerständigkeiten entwickeln können. Die Kirche selbst hat ihre Mitverantwortung und ihre Mitschuld an der Katastrophe des Dritten Reiches in der Stuttgarter Erklärung von 1945 bekannt.

Wir Heutigen sollten nun kein billiges Gericht über diesen dunklen Abschnitt der Kirchengeschichte halten, sondern kritisch fragen, ob die heutige Christenheit und die heutigen Kirchen ihrem Auftrag gerecht werden, in der Bindung an Schrift und Bekenntnis die heutige Weltlage zu interpretieren und sich durch ihre weltlichen Christen für eine sach- und menschengerechtere Ordnung dieser Welt zu engagieren. Die kritische Geschichtsschau muss gleichzeitig die selbstkritische Frage nach der Evangeliumsgebundenen Botschaft in der eigenen Gegenwärtigkeit entbinden.

Dieter Beese

Kirche im Krieg.
Die evangelische Wehrmachtseelsorge im Zweiten Weltkrieg

Die evangelische Kirche war (wie die römisch-katholische) mit ihrer Militärseelsorge tief in die militärischen und ideologischen Kämpfe der Wehrmacht einbezogen. Wie in einem Brennglas werden hier die Probleme sichtbar, mit denen die Kirche im Vernichtungskrieg der nationalsozialistischen Diktatur konfrontiert ist.[3]

Rahmenbedingungen

Kirche in der Armee Hitlers

Schon die bloße Existenz einer Militärseelsorge in der Wehrmacht[4] ist bemerkenswert. Bemerkenswert ist auch, dass die militärkirchliche Organisation in den dreißiger Jahren im Zuge der Aufrüstung und der Einführung der allgemeinen Wehrpflicht im Jahre 1935 weiter ausgebaut wurde und mit jeder späteren Eroberung weiterwuchs. In Österreich, in Polen, in Frankreich, in Norwegen und auf dem Balkan wurden Militärseelsorgebezirke errichtet. Auch am Russlandfeldzug und an der Afrika-Expedition nahmen Kriegspfarrer teil. Die Militärseelsorge war also von Anfang an bis zum Kriegsende in Europa und darüber hinaus präsent. Angesichts der nationalsozialistischen Kirchenpolitik ist dies alles andere als selbstverständlich.[5]

---

[3] Zur evangelischen Militärseelsorge 1918-1945 im einzelnen Beese (1991, 1995, 1996 u. 1999), dort auch weitere Hintergründe und Nachweise. Der hier dokumentierte Vortrag beruht auf diesen Studien. Zur besseren Lesbarkeit habe ich auf Selbstzitate verzichtet.

[4] Der hier verwendete Begriff „Militärseelsorge" war von 1939-1945 nicht gebräuchlich. Offizieller Terminus war „Wehrmachtseelsorge". Eine Wehrmachtseelsorge, die alle Wehrmachtsteile (Heer, Marine und Luftwaffe) umfasst hätte, gab es jedoch im Grunde nicht. Heeresseelsorge und Marineseelsorge waren eigenständige Größen. Dies entsprach auch den organisationspolitischen Ambitionen der Heeresleitung und der Admiralität.

[5] Meier 1992.

Gleichwohl ist dieser Befund erklärlich. Die Militärseelsorge im Deutschen Reich schaute bei Kriegsbeginn auf eine lange Geschichte zurück. In Preußen waren Christentum und Soldatentum eine besonders enge und charakteristische Bindung eingegangen. Die Soldatenseelsorge war treuer Bundesgenosse der Monarchie.[6] Die Verbundenheit von Militär und Kirche überdauerte auch den Zusammenbruch von 1918. Für die Militärseelsorge nach Versailles lässt sich sagen: Genau genommen ist eine explizite Grundentscheidung überhaupt nicht gefallen; es blieb alles, wie es war. Das Prinzip der Trennung von Kirche und Staat stand nach Auffassung des Reichswehrministeriums der Beibehaltung nicht im Wege, wenn der landeskirchliche Charakter der Militärseelsorge gewahrt blieb. Auch die geltenden Dienstordnungen waren in der Auffassung des Reichskriegsministeriums anwendbar geblieben, nur dass überall anstelle des Kaisers und Königs der Reichspräsident und anstelle des Kriegsministeriums das Reichswehrministerium treten sollten.

Die aus heutiger Sicht beinahe skurrile Entwicklung war durchaus nicht harmlos. Schon vor der nationalsozialistischen Diktatur und unabhängig von ihr waren damit Voraussetzungen gegeben, die es der Militärseelsorge ermöglicht hätten, ihren Einfluss innerhalb der Reichswehr und, mit wachsender Bedeutung des militärischen Apparats in ferner Zukunft, auch darüber hinaus zu vergrößern: Der Aufbau eines nationalen autoritären Machtstaates hätte gemeinprotestantischer Mentalität entsprochen. Der Kirche wie der Militärseelsorge wäre einen herausgehobenen Platz im öffentlichen Leben gesichert. Eine Situation vergleichbar der in Spanien unter Franco, allerdings unter anderen konfessionellen Vorzeichen, dürfte manchem heimlichen protestantischem Wunsch entsprochen haben. Dass nun ausgerechnet die national so zuverlässige evangelische Kirche verfemt und an den Rand gedrängt werden würde, lag jenseits aller Vorstellungen. Die Wehrmacht selbst sollte im Laufe der nationalsozialistischen Diktatur und des Krieges mehr und mehr unter den Druck der Partei und des von der Partei eroberten Staates geraten. Dies schlug Schritt für Schritt auch auf die Militärseelsorge durch.

---

[6] Rudolph 1973.

Am 2. August 1934 wurde die Wehrmacht auf die Person Adolf Hitlers vereidigt. Vergeblich versuchten die beiden Feldbischöfe Franz Dohrmann und sein katholisches Pendant Josef Rarkowski eine Erläuterung des entsprechenden Erlasses mit dem Ziel, die christliche Grundausrichtung der Wehrmacht feststellen zu lassen. Der ehemalige Leiter des Militärgeschichtlichen Forschungsamtes, Manfred Messerschmidt, charakterisiert den Vorgang so: *„Der neue Eid und das Wehrgesetz sind als die bedeutendsten Grundlagen der erzieherischen Arbeit in der Wehrmacht anzusehen. Sie schufen Ausgangspositionen für neue Einflüsse parteipolitischer Herkunft. Sie gaben damit einen Rahmen für die vielen zu erwähnenden Einzelschritte, die nahe an die Besitzergreifung der Wehrmacht durch den Nationalsozialismus – wenn auch erst in der Endphase des Krieges – heranführten, nicht ohne manchen Versuch der Tempominderung und Störung dieses Prozesses durch die Heeresführung.“*[7]

Im Vorgriff auf die weiteren Ausführungen sei hier festgehalten: Für die Militärseelsorge diesbezüglich relevant waren die drei Schaltstellen Oberkommando der Wehrmacht (OKW), Oberkommando des Heeres (OKH) und das Feldbischofsamt. Die NSDAP bediente sich vor allem des Oberkommandos der Wehrmacht, um ihre Auffassungen durchzudrücken. Je länger der Krieg dauerte, desto erfolgreicher wurde sie. Im OKH war die „Gruppe Seelsorge" angesiedelt, die stark unter dem Einfluss der Deutschen Christen stand. Unmittelbar geltend gemacht wurde dieser durch den Amtsgruppenchef Edelmann, auf den Reichskriegsminister von Brauchitsch einwirkte, der seinerseits unter dem persönlichen Einfluss des Heeresgruppenpfarrers Heinrich Lonicer stand, dem stärksten Rivalen des Feldbischofs in der Heeresseelsorge. Das Feldbischofsamt unter Leitung von Feldbischof Franz Dohrmann wiederum war bemüht, die Bekenntnisbindung der nachgeordneten Pfarrer zu sichern. Dies geschah vornehmlich durch die Personalauswahl und Personalführung und war auch in einem – wenn auch beschränkten Rahmen – erfolgreich. Dabei ist allerdings zu beachten, dass sich die

---

[7] Messerschmidt (1969), S. 53.

Verhältnisse vor Ort je nach Haltung der Kommandeure und Offiziere und natürlich der einzelnen Kriegspfarrer sehr voneinander unterscheiden konnten. Während der Reichswehrzeit fanden jedenfalls die Militärpfarrer in Heer und Marine noch ein dankbares Betätigungsfeld. In der Luftwaffe fehlte die alte preußisch-christliche Tradition; denn dieser Wehrmachtsteil war erst im Zuge der nationalsozialistischen Aufrüstungspolitik aufgebaut worden. Zwar gab es zu Beginn der dreißiger Jahre selbstständige Luftwaffen-Militärgemeinden. Dies war jedoch eine vorübergehende Erscheinung. Dass die SS-Einheiten keine organisierte Militärseelsorge vorzuweisen hatten, wird niemanden verwundern. In Heer und Marine war die Seelsorge jedoch fest verankert. Man sprach damals von dem königlichen Heer, der kaiserlichen Marine und der nationalsozialistischen Luftwaffe.

Der „Ernstfall"

25 Jahre nach den Augusttagen des Jahres 1914 trat nun der „Ernstfall" ein, von dem in den dreißiger Jahren allenthalben die Rede gewesen war.[8] Wie schon im „Weltkrieg" zogen auch diesmal evangelische und katholische Militärpfarrer in den Krieg. Von Begeisterung konnte jedoch bei ihnen genau so wenig die Rede sein wie bei den Soldaten oder der Bevölkerung. Wenn auch hier und da der „Geist von 1914" beschworen wurde - die Erinnerung an die Schrecken jener Jahre des „Weltkriegs" waren noch zu frisch, als dass ein neuerlicher Waffengang Grund zum Jubel gewesen wäre. Der Bielefelder Historiker Ulrich Wehler hat in seiner Gesellschaftsgeschichte schon hinter das Bild von der Kriegsbegeisterung im August 1914 ein kräftiges Fragezeichen gesetzt.[9]

Die Kriegspfarrer waren organisatorisch eng in die Wehrmacht eingebunden, hatten einen umfassenden Dienstauftrag, der sie mit allen Truppenteilen in Berührung brachte, und konnten wie kaum ein anderer mit allen Wehrmachtangehörigen Kontakt aufnehmen, unabhängig von deren dienstlicher Stellung. Gleichzeitig konnten sie das Kriegsgeschehen gegenüber Offizieren, Mannschaften und Verwaltung in selbst-

---

[8] Brakelmann (1980), S. 23-44.
[9] Wehler (2003), S. 21.

ständiger Weise wahrnehmen. Das lag an ihrer institutionellen Position: Sie standen als Inhaber eines kirchlichen Amtes und Nichtkombattanten nach der Haager Landkriegsordnung außerhalb der militärischen Kommandostruktur. Geführt wurde die Evangelische Militärseelsorge vom Evangelischen Feldbischof der Wehrmacht, Franz Dohrmann, unterstützt von seinem Feldgeneralvikar Friedrich Münchmeyer.

Der Katholische Feldbischof der Wehrmacht hieß Franziskus Justus Rarkowski, sein Feldgeneralvikar Georg Werthmann.[10] Das evangelische und katholische Feldbischofsamt war der Amtsgruppe Seelsorge im Oberkommando des Heeres in Berlin unterstellt. Bei jeder Division gab es je einen evangelischen und katholischen Kriegspfarrer im Rang eines Majors). Ihnen übergeordnet war je ein Armeepfarrer als Oberpfarrer beim Armeeoberkommando im Rang eines Oberstleutnants. Diese wiederum unterstanden jeweils ihrem Dekan, dem Heeresgruppenpfarrer beim Heeresgruppenkommando im Rang eines Oberst. Die Kriegslazarettabteilungen hatten je acht Kriegspfarrer, von denen jedoch mindestens die Hälfte nicht im Lazarett, sondern bei der Truppenseelsorge eingesetzt war. Die Seelsorge im Bereich des Ersatzheeres wurde von nebenamtlich beauftragten Zivilpfarrern wahrgenommen.

Die Organisation in der Marineseelsorge war analog. Der Dienstälteste Marinedekan Friedrich Ronneberger schottete jedoch die Marineseelsorge mit allen Mitteln gegenüber dem Einfluss des Feldbischofs ab und verfolgte seine eigene Politik. Dies entsprach auch der organisationspolitischen Linie der Admiralität.

Die weitgespannte Organisation der Militärseelsorge und die Vielfalt des Dienstes, den die Pfarrer zu tun hatten, dürfen jedoch nicht darüber hinwegtäuschen, dass wir mit der Militärseelsorge nur einen kleinen Ausschnitt der gesamten Wehrmacht in den Blick nehmen. Allein das Feldheer, das 1943 an der Ostfront kämpfte, umfasste 3.900.000 Mann. Ersatzheer, Marine und Luftwaffe nicht mitgerechnet.[11] Stellt man dem

---

[10] Missalla 1978.

[11] Unter Berufung auf Rüdiger Overmans und Paul Kennedy macht Wikipedia folgende Angaben zur Truppenstärke der Wehrmacht: Es dienten „in der Wehrmacht in Heer, Luftwaffe und Marine 17,3 Millionen Soldaten, zusammen mit Waffen-SS waren es 18,2 Millionen Soldaten, die im Verlauf des Krieges eingezogen wurden und nicht alle gleichzeitig Dienst taten." (Overmans 2004, S. 215) Im November 1943 hatte die Wehrmacht eine Stärke von ca. 6,345 Millionen

die 148 aktiven und 428 auf Kriegsdauer beamteten evangelischen Kriegspfarrer für die gesamte Militärseelsorge gegenüber, dieselbe Zahl noch einmal auf katholischer Seite, dann wird deutlich, in welchen Größenordnungen wir uns bewegen. Viele Soldaten werden von der Existenz der Militärseelsorge kaum Notiz genommen haben.

Die praktische Arbeit

Die Rolle der Wehrmachtpfarrer innerhalb der deutschen Wehrmacht lässt sich am besten darstellen, indem man sich vergegenwärtigt, worin ihr täglicher Dienst bestand. Daran lassen sich jeweils einige weiterführende Überlegungen anschließen.

Ausstattung der Kriegspfarrer

Einen Kriegspfarrer konnte man auf den ersten Blick erkennen. Da er allgemeinen Offiziersrang bekleidete, trug er auch eine Offiziersuniform, jedoch ohne Rangabzeichen, d.h. ohne Schulterstücke. Die Offiziersuniform verschaffte ihnen Zugang zur Truppe und, wenn es nötig war, auch Respekt. Das Fehlen der Rangabzeichen verringerte die Distanz zum Soldaten mit Mannschaftsdienstgrad. Zur Uniform gehörte neben der Armbinde auch das Amtskreuz, das der Pfarrer an einer Kette um den Hals trug. Normalerweise wurde es zwischen zwei Knöpfen eingesteckt. Bei Amtshandlungen trug man es offen.

Anderthalb Jahre vor Kriegsausbruch hatte das Feldbischofsamt dem Oberkommando des Heeres (OKH) bereits einen Entwurf für ein Gesangbuch vorgelegt, der am Kirchenjahr orientiert war. Er fand jedoch keine Beachtung. Stattdessen gab die Gruppe Seelsorge (OKH) ein „Evangelisches Feldgesangbuch" heraus, das ihren Erwartungen entsprach. Das offizielle evangelische Feldgesangbuch enthielt die „Berufspflichten des deutschen Soldaten", den Fahneneid, Auszüge aus

---

Soldaten. Davon waren 3,9 Millionen Soldaten an der Ostfront stationiert (zusammen mit 283.000 Verbündeten). 177.000 Soldaten standen in Finnland, 486.000 Soldaten besetzen Norwegen und Dänemark. 1.370.000 Mann Besatzungstruppen standen in Frankreich und Belgien. Weitere 612.000 Mann waren auf dem Balkan stationiert und 412.000 Mann in Italien." (Kennedy 2000, S. 526) Wikipedia Art. „Wehrmacht", Download 04.09.2019.

„Kriegsbriefen tapferer deutscher Soldaten", Gebete, Choräle und Bibelworte. Neben christlichen Chorälen, bei denen einige Umdichtungen (u.a. Beseitigung von Hebraismen) vorgenommen worden waren, fanden sich auch ausgesprochen patriotische und einzelne nationalsozialistisch gefärbte Lieder. Die Marine hatte ein eigenes „Gesangbuch für die Kriegsmarine".[12]

Die bayerische Landeskirche war die einzige Zivilkirche, die für ihre Feldseelsorger eine Handreichung herausgab. Die Handreichung trug den Titel „Der Dienst des Feldgeistlichen".[13] Bemerkenswert an diesem Text war die pastoraltheologische Einführung. Sie atmet den Geist konservativer lutherischer Theologie und zeichnete sich dadurch aus, dass sie keine Zugeständnisse an die nationalsozialistische Ideologie machte.

Eine Feldagende war zu Beginn des Krieges nicht vorhanden. Die Pfarrer behalfen sich, indem sie entweder ihre landeskirchlichen Agenden benutzten oder eigene einfache Gottesdienstordnungen entwarfen. Erst 1940 erschien im Auftrag des Feldbischofs die „Evangelische Feldagende für Kriegspfarrer".[14] Sie umfasste 75 Seiten etwa im DIN A5-Format und enthielt außer einer denkbar schlichten Gottesdienstordnung (Lied, Lesung, Gebet, Predigt, Fürbitte, Segen) außerdem Bibelworte, Kriegsgebete, eine Beerdigungsordnung und eine Handreichung für die Verwundetenseelsorge.

Ihren „Feldkoffer" erhielten die Kriegspfarrer erst während des Polenfeldzuges. Der Feldkoffer, der jedem Pfarrer zustand, enthielt außer den Abendmahlsgeräten ein Kruzifix, zwei Leuchter, zwei Antependien und Kerzen. Er war nach den Erfahrungen des Stellungskriegs aus dem Ersten Weltkrieg entworfen worden. Für den schnellen Bewegungskrieg war er ein wenig sperrig, so dass er des Öfteren zurückgelassen werden musste und nur sein Inhalt, in Rucksäcken provisorisch verstaut, den Pfarrer bei seinen Besuchen begleitete.

---

[12] Evangelisches Feldgesangbuch. Berlin o. J. (H.Dv. 371; L.Dv. 41); Katholisches Feldgesangbuch. Berlin o. J. (H. Dv. 371; L. Dv. 42); Gesangbuch für die Kriegsmarine. Zusammengestellt für die gottesdienstlichen Feiern der Kriegszeit, Oldenbourg o. J.

[13] Evangelisch-Lutherischer Landeskirchenrat in München (Hg.): Der Dienst des Feldgeistlichen. Eine Handreichung. 2. Aufl., München 1939.

[14] Evangelische Feldagende für Kriegspfarrer, Berlin 1940.

Gottesdienste

Die Gottesdienste im Feldheer unterschieden sich charakteristisch von Gemeindegottesdiensten in Friedenszeiten. Äußere Umstände, Anlass zum Gottesdienst, Zusammensetzung der Gemeinde – das alles hing von der aktuellen militärischen Lage ab. In der Regel fand der Gottesdienst als Feldgottesdienst im Freien statt. Wenn dies nicht möglich war, wurden alle nur irgendwie brauchbaren Räumlichkeiten benutzt; Kino, Scheunen, Säle usw. In besetzten Gebieten standen im allgemeinen Standortkirchen zur Verfügung, die in Absprache mit ihren Besitzern benutzt wurden. Auf feindlichem Territorium bestand die Möglichkeit, Kirchen zu beschlagnahmen. Dies scheint jedoch in der Regel nicht geschehen zu sein.

Für das östliche Kriegsgebiet galten aufgrund eines „Führerbefehls" vom September 1941 Sonderregelungen: *„1.) Wehrmachtgottesdienst darf in den besetzten Ostgebieten nur als Feldgottesdienst, keinesfalls in ehemaligen russischen Kirchen abgehalten werden. Eine Beteiligung der Zivilbevölkerung (auch Volksdeutschen) an den Feldgottesdiensten der Wehrmacht ist verboten. 2.) Kirchen, die durch das Sowjet-Regime oder durch Kriegshandlungen zerstört sind, dürfen durch Organe der Deutschen Wehrmacht weder instandgesetzt noch ihrer früheren Bestimmung wieder zugeführt werden. "*[15] Es liegen jedoch zahlreiche Belege dafür vor, dass dieser Befehl nicht überall und jederzeit befolgt worden ist. In Russland haben Gottesdienste stattgefunden, an denen auch Zivilbevölkerung teilnahm.

Der Gottesdienstbesuch war freiwillig und hing von der militärischen Situation und von der Art der Bekanntmachung ab. Hier kam die Haltung des militärischen Vorgesetzten zum Tragen. Ging er zum Gottesdienst, so gingen auch manche anderen mit, die sonst nicht erschienen wären. Wurden die Wünsche des Pfarrers in den Tagesbefehl aufgenommen, so waren damit gute Voraussetzungen für eine rege Teilnahme geschaffen. Bei vorrückenden oder im Kampf eingesetzten Truppen war bestenfalls an improvisierte Andachten im Bunker oder bei Marschpausen zu denken. Bei Truppen in Ruhestellung oder Bereitstellungsräumen

---

[15] OKW, betr. Verhalten der Truppe in religiösen Fragen gegenüber der Zivilbevölkerung, 10.9.1941.

war das anders. Der Wehrmachtgottesdienst, der als interkonfessioneller Feldgottesdienst gefeiert wurde, war eine dienstliche Veranstaltung, zu der kommandiert wurde. Er soll dem „religiösen Bedürfnis des Soldaten" Genüge tun und entsprechend der „Einheit der Truppe" ohne konfessionelle Unterscheidung gefeiert werden.[16] Wer nicht teilnehmen wollte, hatte sich gesondert abzumelden. Hier waren die Teilnahmeziffern natürlich außerordentlich hoch, je nachdem, welche Einheiten teilnahmen.

Verpflichtender Bestandteil einer jeden gottesdienstlichen Handlung war das „Gebet für Führer, Volk und Wehrmacht", das sowohl im Feldgesangbuch als auch in der Feldagende abgedruckt war. Hier sein Wortlaut: *„In Deiner Hand, o Gott, liegt die Herrschaft über alle Reiche und Völker der Erde. // Segne unser deutsches Volk in Deiner Güte und Kraft und senke uns tief ins Herz die Liebe zu unserem Vaterlande. Laß uns ein heldenhaftes Geschlecht sein und unserer Ahnen würdig werden. Laß uns den Glauben unserer Väter hüten wie ein heiliges Erbe. // Segne die deutsche Wehrmacht, welche dazu berufen ist, den Frieden zu wahren und den heimischen Herd zu beschützen, und gib ihren Angehörigen die Kraft zum höchsten Opfer für Führer, Volk und Vaterland. // Segne besonders unseren Führer und Obersten Befehlshaber in allen Aufgaben, die ihm gestellt sind. Laß uns alle unter seiner Führung in der Hingabe an Volk und Vaterland eine heilige Aufgabe sehen, damit wir durch Glauben, Gehorsam und Treue die ewige Heimat erlangen im Reiche Deines Lichtes und Deines Friedens. Amen."*[17]

Über die theologische Qualität dieses Textes bedarf es keiner Diskussion. Interessant ist, wie die Kriegspfarrer ihn verwendet haben. Einige haben es strikt vermieden, ihn zu verwenden. Andere haben ihm kritischen Sinn unterlegt. „Der Führer hat eben die Fürbitte besonders nötig." Wieder andere haben nur gelegentlich in freien Gebeten den Führer erwähnt und „für rechte Erkenntnis" gebetet. Es fehlten aber auch nicht solche, die dieses Gebet sprechen konnten, ohne dabei ein Problem zu empfinden.

---

[16] OKH, Merkblatt über Feldseelsorge, 21.8.1939; vgl. Beese (1995), S. 72-74.
[17] Ev. Feldagende (1940), S. 41.

Predigt

Die Soldatenpredigt[18] wurde während des Zweiten Weltkriegs lebhaft diskutiert. In Vorträgen, auf Konferenzen, in offiziellen Verlautbarungen, Anweisungen für unterstellte Pfarrer und besonderen Handreichungen nahmen das OKH, der Feldbischof, Offiziere und Pfarrer zu diesem Problem Stellung. Aufs Ganze gesehen standen sich zwei große Gruppen gegenüber, auf der einen Seite die Gruppe Seelsorge des OKH und die deutschchristliche Minderheit und auf der anderen Seite der Feldbischof und die Mehrheit der Kriegspfarrer.

Oberst Edelmann, Amtschef der Gruppe Seelsorge im OKH, führte im Rahmen eines 1941 gehaltenen Vortrags aus: *„Auch in seinen Predigten muß der Kriegspfarrer kämpferisch sein. Er muß die soldatischen Tugenden des Mutes, der Tapferkeit und der Einsatzbereitschaft als von der göttlichen Weltordnung gewollt predigen. Er muß diesen Krieg um den deutschen Lebensraum als einen vor Gott gerechten und zu belohnenden Kampf und den Führer als einen von Gott begnadeten Menschen hinstellen. Für rein kirchliche Fragen ist bei der Truppe kein Raum, wohl aber für die letzten Fragen nach dem Sinn und Wert des Lebens, für Hinweise auf die Opferbereitschaft unserer Soldaten und ihren Glauben an den glücklichen Endsieg. So gilt es auch durch die Predigt mitzuhelfen, Soldaten zu formen, die voll Gottvertrauen zum Letzten entschlossen sind, und damit dazu beizutragen, die Grundlage für den militärischen Erfolg zu schaffen.“*[19]

Der Feldbischof vertrat demgegenüber eine völlig andere Auffassung. Sie lässt sich anhand eines Vortrages des Dekans Schackla demonstrieren, den Dohrmann sich durch Wiedergabe in seinem „Mitteilungsblatt" zu eigen machte. Für Schackla steht fest, dass im Krieg kein anderes Evangelium zu verkündigen ist als im Frieden. Die Wahrheit des Evangeliums ist an Christus gebunden, wie er in der Schrift bezeugt ist. Sie ist nicht in Natur oder Geschichte erkennbar. Deshalb ist der

---

[18] Vgl. Beese (1996).

[19] Besprechungspunkte für die Heeresgruppenpfarrerversammlung am 6.2.1942 (Bundesarchiv-Militärarchiv (BA-MA) N 616v.11. Vgl. auch: Auszugsweise Abschrift der Ansprache des Amtsgruppenchefs O.K.H. Generalmajor Edelmann bei der Heeresgruppenpfarrerbesprechung am 9. Februar 1942 in Berlin, BA-MA RH 15/282.

Krieg nicht Teil der Verkündigung, sondern Anlass zur Fürbitte. Der Krieg ist weder Katastrophe noch schöpferisches Prinzip der Geschichte. Er ist Gottes Gericht über die menschliche Sünde. Die Predigt hat „Ewigkeitskräfte" zu erschließen, die den Kameraden „helfen, in ihrem Gewissen und in ihrer Seele mit dem Krieg und ihrem persönlichen Kriegsschicksal fertig zu werden."

Besaß die Predigt nach Edelmann Existenzrecht nur als Teil der psychologischen Kriegsführung, so war die Christusverkündigung nach Schackla unverfügbarer Auftrag der Kirche. Die Predigt sollte dem Soldaten dazu verhelfen, in einer extremen existentiellen Situation zu bestehen. Sie war individuell-seelsorgerlich ausgerichtet. Der Unterschied zur Kriegspredigt des Ersten Weltkriegs liegt auf der Hand. Vom einstmals lautstarken Patriotismus ist nicht mehr viel übriggeblieben. Versatzstücke der nationalsozialistischen Ideologie begegnen nur bei der Minderheit deutschchristlicher Pfarrer. Das Grundmodell der lutherischen Unterscheidung von opus Dei alienum (dem verborgenen Handeln Gottes in Natur und Geschichte) und opus Dei proprium (dem offenbaren Handeln Gottes in Jesus Christus) in Verbindung mit einer Theologie der Schöpfungsordnungen gibt vielmehr den Ton an und begegnet immer wieder in der Kriegspredigt des Zweiten Weltkriegs. Durchgängig ist allerdings auch ein erkennbarer theologischer Mangel: Mir ist keine Predigt bekannt, die vom Christusbekenntnis der Gemeinde her zu einer offenen begründeten Kritik der politischen und geistigen Wirklichkeit voranschreitet und zu entsprechender Praxis ermutigt, wie es in der 2. These der Barmer Theologischen Erklärung von 1934 der Fall ist. Der dritte Glaubensartikel ist klar unterbelichtet: Das nationale Prinzip hat Vorrang vor dem ökumenischen und katholischen Prinzip.

Die Predigten der Wehrmachtpfarrer unterscheiden sich dabei in theologischer Hinsicht nicht von den Predigten ihrer Amtsbrüder in den zivilen Gemeinden. Die Pfarrer haben bei denselben Professoren studiert[20] und dieselben Ausbildungsstätten besucht. Sie stehen in einer gemeinsamen nationalprotestantischen Tradition und unter dem Ein-

---

[20] Die von mir 1982 interviewten Kriegspfarrer nennen z. B. die Namen Karl Heym, Paul Althaus, Werner Elert, Emanuel Hirsch, in einem Fall auch Karl Barth.

fluss der sogenannten „Luther-Renaissance" der zwanziger Jahre. Der theologische Liberalismus, der religiöse Sozialismus und auch die sogenannte Dialektische Theologie um Karl Barth haben das kollektive Selbstbewusstsein evangelischer Christen in Deutschland nicht nachhaltig geprägt. In der Militärseelsorge begegnet uns der deutsche Mehrheitsprotestantismus in seiner ganzen Problematik eines Brückenphänomens zwischen Wilhelminismus und Faschismus.

Lazarettseelsorge

Die Seelsorge an kranken und verwundeten Soldaten war für die Militärseelsorge eine der wichtigsten Aufgaben. An der Lazarettseelsorge im Ersatzheer hatten auch die Landeskirchen teil, weil sie die Reservelazarettpfarrer stellten. Auch der Feldbischof legte großen Wert auf eine angemessene seelsorgerliche Versorgung der Verwundeten.

Im Feldheer hatte jeder Pfarrer mit kranken oder verwundeten Soldaten zu tun. Der Standortpfarrer im besetzten Gebiet besuchte die Lazarette seines Bereichs. Die Lazarettpfarrer waren ohnehin ständig in der Lazarettseelsorge tätig, sofern sie nicht zur Truppenseelsorge abkommandiert waren. Besonders drastisch wurden die Divisionspfarrer mit den Folgen der Kampfhandlungen konfrontiert. Sie bekamen die verwundeten Kameraden zu Gesicht, bevor sie ihre erste medizinische Versorgung bekommen hatten. Manche Geistliche haben Leib und Leben riskiert, um Verwundete aus dem Feuer zu holen; einige sind dabei gefallen, andere haben dafür militärische Auszeichnungen bekommen. Der Divisionspfarrer begegnete den verletzten Kameraden des Weiteren an den Verwundeten-Sammelstellen hinter der Front und schließlich auf dem Hauptverbandsplatz, von wo sie weiter nach hinten zum Feldlazarett oder in ein Heimatlazarett überführt wurden. Auch auf diesem Gebiet beobachtete die Partei die Tätigkeit der Pfarrer mit Argwohn und bemühte sich, ihre Wirkungsmöglichkeiten einzuschränken, wo es nur möglich war. Zum einen versuchte sie, die kirchliche Aufgabe durch Konkurrenzangebote zu neutralisieren (Unterhaltungsveranstaltungen, Schrifttum). Zum anderen behinderte sie den Zugang der Pfarrer zu den Soldaten oder unterband die Verbindung zu den Angehörigen.

Die Lazarettseelsorge wurde auf Konferenzen unter den Pfarrern diskutiert. Indem der Feldbischof einen Vortrag des Praktischen Theologen Martin Doerne in sein Mitteilungsblatt aufnahm, gab er den Militärgeistlichen eine Art pastoraltheologischer Handreichung für die Lazarettseelsorge. Doerne beschreibt die Lazarettseelsorge Sonderfall der Krankenhausseelsorge, also tröstende und aufrichtende Seelsorge. *„Zur Lazarettseelsorge gehört vor allem eine ganz und gar diakonische Auffassung des Evangeliums und des Pfarrdienstes.“ Es könne deshalb weder darum gehen, für eine gute Meinung des Pfarrerstandes zu sorgen, noch voreilig das Lazarett als Chance der Volksmission zu sehen. Das Schwergewicht liege auf dem Einzelgespräch. Man werde mit einfachen Erkundigungsfragen beginnen und langsam versuchen, das Evangelium als Lebenshilfe des einzelnen zur Sprache zu bringen. Im Gespräch mit Kirchenkritikern solle man über das nötige Rüstzeug verfügen, sich nicht reizen zu lassen und eventuelle Diskussionen als Vorfeld ansehen, von dem aus zur Verkündigung voranzuschreiten sei. Innerste Mitte der Lazarettseelsorge sei der Gottesdienst, so viele Schwierigkeiten er auch bereiten möge. Die Lazarettseelsorge ziele darauf, Getrostheit hervorzurufen, „nicht nur für unseren eigenen Dienst, sondern auch eine Getrostheit darüber, daß das Evangelium an unserer deutschen Männerwelt noch eine Sendung und eine Zukunft hat.“*[21]

Amtshandlungen

Geht man mit dem Statistischen Bundesamt davon aus, dass rund 3 Mio. Soldaten der Wehrmacht gefallen sind[22], so ist klar: Wer von den Amtshandlungen der Kriegspfarrer reden will, muss deshalb in erster Linie von Beerdigungen sprechen. Zwar sind in der Heimat in befreundeten Offiziersfamilien auch Taufen und Trauungen vorgenommen worden, ein Kriegspfarrer berichtet auch von einer Ferntrauung. Aber wie die Amtshandlungen an russischen Zivilisten, die es auch gegeben hat,

---

[21] Prof. Dr. Doerne: Lazarettseelsorge. Referat bei der Standort- und Lazarettpfarrerkonferenz im Wehrkeis IV. Dresden, 7. Juli 1943, in: Mitteilungsblatt des Evangelischen Feldbischofs der Wehrmacht für die Evangelische Wehrmachtgeistlichkeit Nr. 3, 18. Oktober 1943.

[22] Statistisches Bundesamt 1949, S. 226–230; 1956, S. 375–384; Wikipedia, Art. "Wehrmacht", download 04.09.2019.

fallen sie aufs Ganze gesehen nicht ins Gewicht. Sie bestimmen nicht den Alltag des Kriegspfarrers. Von den Beerdigungen wird man dies jedoch sagen müssen. Wohin der Krieg kommt, dorthin kommt auch der Tod: Gefallene, Verwundete, von Partisanen Getötete, an Seuchen Verstorbene, Verhungerte, Erfrorene, Verunglückte - einzeln und in Massen. Manche Pfarrer beziffern die Zahl der Beerdigungen, die sie vorgenommen haben, auf weit über tausend. Dabei ist klar, dass nur ein kleiner Teil der Kriegstoten von einem Pfarrer beerdigt worden ist.

Die Partei bestritt nicht nur die Befugnis von Pfarrersoldaten, Begräbnisse vorzunehmen. Sie erreichte auch, dass verboten wurde, Wehrmachtangehörige zu bestatten, die nicht eindeutig zu erkennen gegeben hatten, dass sie dies im Todesfall wünschten. In beiden Fällen hing die Praxis stark von der Haltung des Kommandeurs und von der allgemeinen Einstellung der Truppe ab: Entweder wurden die bestehenden Vorschriften ein Instrument zur Behinderung jeglicher kirchlichen Aktivität, oder sie standen lediglich auf dem Papier. Dazwischen gab es alle denkbaren Spielarten.

Die Feldagende gab den Kriegspfarrern Hilfestellung, indem sie außer dieser Ordnung eine Sammlung von Schriftworten und Gebeten bot. Die Ordnung der Trauerfeier hatte der Feldbischof vorgeschrieben. Sie war denkbar einfach: Choral, Gebet, Lesung, Ansprache, Fürbitte, Vaterunser, „Ich hatt' einen Kameraden". Für die Beerdigung von Soldaten, die nicht der Kirche angehörten, hatte das Oberkommando des Heeres ein besonderes Ritual angeordnet, an dem ein Pfarrer nicht beteiligt werden durfte.

Was wurde an einem Soldatengrab inhaltlich gesagt? Die Versuchung bestand darin, vom Heldentod für Führer, Volk und Vaterland zu reden oder einen glanzvollen Nekrolog auf den Toten zu halten. Dies geschah nicht nur, wenn nationalsozialistische Offiziere das Wort ergriffen. Auch dem einen oder anderen Pfarrer fiel es nicht immer leicht, das nationale Pathos zu dämpfen. Zeiten militärischer Erfolge wurden hier besonders gefährlich. Der Feldbischof erkannte das Problem und wies nachdrücklich darauf hin, dass am Grabe eines Soldaten nicht von Menschen, sondern von Gott zu reden sei. Er hatte dabei vor allem die deutschchristlichen Soldatenpfarrer vor Augen. Typisch für die theologische Haltung des Feldbischofs Franz Dohrmann in dieser Frage dürfte dieses Gebet sein: *„Allmächtiger, ewiger Gott. In der Jugendblüte des Lebens hast du unseren Kameraden, der hinausgezogen war, unser Land gegen den Ansturm der Feinde zu schirmen, zu dir gerufen. Wir beugen uns in Demut vor deinem Walten, auch wenn es uns unerforschlich scheint. Wenn wir auch in tiefem Leid wieder einen der Erde übergeben müssen, der sein Leben für uns und für unser Volk geopfert hat, so sind wir als Christen doch dessen gewiß, daß auch du mitten im Kriege Gedanken des Friedens mit jedem einzelnen hast, der sich deiner Führung anvertraut. Schenke darum uns allen treuen Gehorsam gegen deinen göttlichen Willen."*[23]

Hier sind die wesentlichen Themen versammelt: die Trauer um den Kameraden, sein Opfer für Heimat, Volk und Vaterland (nicht: für den Führer), christliche Gewissheit angesichts des Leids, das der Tod mit sich bringt (nicht: stolze Trauer) und Vertrauen in Gottes Weltregiment (nicht: in Deutschlands Zukunft).

Bemerkenswert ist allerdings, dass sich auch das folgende „Gebet am Grabe eines Gegners" in der Feldagende findet: *„Herr Gott. Wir stehen an dem Grabe eines Mannes, der gegen uns gekämpft hat, und wir danken dir von Herzen, daß du durch Tod und Grab aller Feindschaft ein Ende machst. Laß uns auch im Kriege dessen eingedenk bleiben, daß du dir aus allen Völkern die Deinen sammelst. Erhalte und mehre in uns die christliche Liebe zu allen unseren Mitmenschen, und vergib uns gnädig alles, was wir gegen sie und damit gegen dich gesündigt haben. Auch für diesen Gefallenen (Verstorbenen) trauern fern von hier liebende Menschen in tiefem Herzeleid. Auch sie befehlen wir deiner Vatertreue an und beten für alle bekümmerten Herzen: Herr, laß ihnen dein ewiges Licht leuchten, daß sie getröstet werden. Uns selbst lehre bedenken, daß wir sterben müssen, damit wir klug werden, dich suchen und durch unseren Herrn Jesus Christus in deiner Kraft unser Leben führen nach deinem Willen und dereinst einen offenen Zugang haben zu deiner ewigen Herrlichkeit."* (S. 60)

---

[23] Ev. Feldagende (1940), S. 57f.

Bei einem anderen Bestattungsgebet ist ein Einschub möglich mit folgendem Wortlaut: *„Auch Feinde haben wir hier bestattet. Wie Freunde und Feinde nun friedlich nebeneinander ruhen, so schenke auch den Lebenden wieder Frieden untereinander. Wir bitten dich auch um deinen Trost und deine Hilfe für die Angehörigen der feindlichen Kameraden, heiliger Herr und Gott, der du unser aller Vater bist."* (S. 59)

Schrifttumsarbeit

Das religiöse Schrifttum wurde schärfster Zensur und einem äußerst umständlichen Genehmigungsverfahren unterworfen. Nicht nur die Zahl der Titel wurde eingeschränkt; nicht nur der Gehalt der Schriften wurde nach den Erfordernissen der psychologischen Kriegsführung geprüft. Im März 1940 verlangte das OKW das Verbot der Versendung genehmigten religiösen Schrifttums durch Zivilgeistliche und kirchliche Organisationen. Allein die Kriegspfarrer waren befugt, Schrifttum auszuhändigen, und zwar ausschließlich religiöses und nur solches, das ausdrücklich auf einschlägigen Listen ausgewiesen war.

In der Marine gingen die Uhren etwas anders: Der Pfarrer hatte die Bordbücherei zu verwalten und konnte so die Lektüre der Mannschaft an Bord beeinflussen. Ein Marinepfarrer berichtet, er habe die zum Standort kommenden Zeitschriften zentral gesammelt und dann in regelmäßigen Abständen Einführungsabende veranstaltet, bei denen das Material dann entsprechend gesichtet und bewertet und vorgestellt wurde.

Von welcher Art war das religiöse Schrifttum, mit dem in der Militärseelsorge gearbeitet werden konnte? Man wird es zweckmäßiger Weise nach Gattungen unterscheiden. An erster Stelle sind neben den Neuen Testamenten und Bibelteilen Andachts- und Gebetsbücher oder -hefte für Soldaten zu nennen, wie etwa das Michaelsbüchlein von Hanns Lilje, in dem Deutsche Kriegsgebete aus sieben Jahrhunderten gesammelt waren. In solchen Andachtsbüchern fanden sich vielfach auch Aussprüche „großer Soldaten" wie von Moltke oder Hindenburg oder dem „Alten Ziethen". Sammlungen preußischer Anekdoten zur Verherrlichung der preußisch- christlichen Tradition bilden wieder eine Gruppe für sich. An ihnen wird die Vereinnahmung der preußischen

Tradition durch die nationalsozialistisch dominierte Wehrmacht ebenso deutlich wie das Bemühen, zu zeigen, wie notwendig das Christentum für das preußische Heer gewesen ist. Apologetische Schriften befassten sich auf volkstümliche Weise mit aktuellen Themen, um zu zeigen, dass christlicher Glaube und deutsches Volk zusammengehörten und dass der Glaube dem Soldaten besondere Kräfte erschließe und darin dem Unglauben überlegen sei. Volksmissionarisch ausgerichtete Schriften riefen die Soldaten zum Glauben der Väter und der Kirche zurück, der sich über Jahrhunderte bewährt habe und auch dem einzelnen die Kraft zur Bewährung und Frieden mitten im Streit vermittle.

Gewissenskonflikte

Den Pfarrern sind Unmenschlichkeiten und Verbrechen gegen die Menschlichkeit nicht entgangen. Aus Interviews mit ehemaligen Kriegspfarrern lassen sich einige Konfliktfelder erheben, auf denen es zur Konfrontation von Militärseelsorge und Kriegsverbrechen kam. Die Kriegspfarrer haben jedoch das Geschehen, das sie umgab, nicht unvoreingenommen wahrgenommen. Sie waren vielmehr durch eine stark nationalprotestantisch gebundene Mentalität geprägt, die ihren Blick geleitet hat.

Soldatentum und Christentum

Aus historischen und biographischen Gründen hat die Wehrmachtpfarrerschaft eine große Nähe zu den traditionell geprägten Wehrmachtoffizieren empfunden und gelebt. Besonders an Franz Dohrmann, dem evangelischen Feldbischof der Wehrmacht, lässt sich studieren, dass diese beiden Charaktere – evangelischer Pfarrer und deutscher Offizier – beinahe austauschbar gewesen sind. Dohrmann, Divisionspfarrer im Ersten Weltkrieg und während der Reichswehrzeit Wehrkreispfarrer in Stettin, repräsentierte den Typus eines Pfarrers in der Tradition preußischer Soldatenfrömmigkeit. Erscheinungsbild, Auftreten, Sprache und Geist dieser Frömmigkeitsform finden im evangelischen Feldbischof der Wehrmacht ihre Verkörperung.[24]

---

[24] Vgl. Beese (1995), S. 108-131.

Aber nicht nur historische und biografische Gründe haben den Pfarrer und den Offizier, ja überhaupt den Soldaten in solch große Nähe gebracht. Auch die pastorale Aufgabenstellung hat eher das gegenseitige Verständnis gefördert als zu kritischer Distanz animiert. Das heißt jedoch nicht, dass die evangelischen Wehrmachtpfarrer gänzlich kritiklos das Verhalten der Wehrmacht und ihrer Führer gesehen hätten.

Brutalität der Kriegsführung und Verrohung der Truppe

Die Grausamkeit der deutschen Kriegsführung als Problem findet sich in einem Vortrag des bayerischen Dekans und Divisionspfarrers Rudolf Schwarz[25] über die Predigtarbeit im Kriege. Er versucht, sich über die Situation klar zu werden, in die hinein er zu predigen hat, und hält seinen Amtsbrüdern vor Augen: *„Ich denke an die Bombenangriffe, an unsere Brutalität in der Kriegsführung, u.a. Hier kann schon mancher in Gewissenskonflikte kommen."*[26]

Rudolf Schwarz lässt in einer Predigt aus dem Jahre 1943 erkennen, wie es um die Disziplin und Haltung in der Wehrmacht seiner Division bestellt war: *„Oder glaubt ihr,"* so redet er den Soldaten ins Gewissen, *„daß die gleichen Hände, die einem Kameraden das Feldpostpäckchen stehlen oder einen Drillich verkaufen, daß die gleichen Hände sich noch vor diesem Gott zum Gebete falten können: Unser täglich Brot gib uns heute? Oder glaubt Ihr, daß die, denen die Ehre eines Mädchens nicht heilig ist, wo immer es auch sei, daß die im Licht jenes Gottes stehen können, der geboten hat: Ihr sollt heilig sein? Oder glaubt Ihr, daß die Männer, denen jedes Weib recht ist für ihre Lust, daß die noch in der Nähe des Gottes etwas zu suchen haben, der gesagt hat: Du sollst nicht ehebrechen? ... Mögen andere das für unwichtig nehmen, für uns bleibt das bestehen: Ihr sollt heilig sein. (1. Petr. 1,15-16) ... Orden und Auszeichnungen verdient sich dabei ja keiner, höchstens ein mitleidiges Achselzucken oder ein spöttisches Lächeln".*[27]

---

[25] Kritisch zu Rudolf Schwarz: Banse (2002), 91-96.

[26] Rudolf Schwarz: Gedanken an unsere Predigten. Referat auf der Kriegspfarrerkonferenz in Athen am 27. Oktober 1943.

[27] Ebd., a.a.O.

Kriegsverbrechen

Kriegsverbrechen und der Mord an den Juden tauchen auch in den Berichten der Wehrmachtpfarrerschaft eher am Rande auf. Auch aktive Mitglieder der Bekennenden Kirche, wie der spätere Essener Superintendent Heinrich Link, im Kriege Divisionspfarrer, beteuern, dass sie von all diesen Grausamkeiten nichts gewusst haben.

Es liegen jedoch aus dem Kreis der Militärpfarrerschaft auch Schilderungen von Kriegsverbrechen und Verbrechen gegen die Menschlichkeit vor. Pfarrer Link berichtet etwa von einem aus antisemitischen Motiven von der Wehrmachtgerichtsbarkeit gedeckten Mord: *„Ein ganz besonderer Fall aus dem Polenfeldzug steht mir vor Augen: Es ist vorgekommen, daß ein Sanitärdienstgrad nach Abschluß der Kampfhandlungen ein flüchtendes jüdisches Ehepaar erschossen hat. Dieser Fall erregte natürlich auch in der Division großes Aufsehen. Der Kriegsgerichtsrat griff sofort durch. Der Mann wurde offiziell festgenommen und kam vor das Kriegsgericht. Er wurde zum Tode verurteilt. Das war die eindeutige Meinung des Kriegsgerichts, das damals zusammengetreten ist. Nun mußte aber dieses Todesurteil von einer höheren Kommandostelle bestätigt werden. Diese Bestätigung wurde damals, wie in ähnlichen Fällen, in denen gegen Juden verstoßen worden ist, aufgrund eines Führerbefehls verweigert.“*[28]

Für einen Pfarrer aus altkatholisch-apostolischem Elternhaus (Irvingianer) führten die Massenexekution an Juden in Dünaburg durch die lettische Miliz und die darauf folgende Indifferenz seitens der Wehrmacht zu einer schweren Ernüchterung gegenüber der Wehrmacht, in der er seinen seelsorgerlichen Dienst verrichtete. Von ähnlich brutalen Übergriffen und willkürlichen Tötungen berichtet der spätere Gründer der evangelischen Akademie Bad Boll, Eberhard Müller.

Kriegsjustiz

Im Ersten Weltkrieg war die deutsche Kriegsjustiz im Vergleich zu derjenigen der Westmächte relativ milde. Sie verhängte beispielsweise

---

[28] Link, Heinrich, Wehrmachtpfarrer im Zweiten Weltkrieg. Interview 1982 in Essen, Transkript im Besitz des Verf.

wesentlich weniger Todesurteile als die französischen und englischen Gerichte. Hindenburg, Ludendorff und viele andere lasteten es nicht zuletzt der milden Rechtsprechung im Kriege an, dass die Auflösungserscheinungen des Heeres zeitweilig unkontrollierbar wurden. Drakonische Bestrafungen wären hier – so die Kritiker – am Platze gewesen.

Damit war die Grundtendenz der späteren Entwicklung schon vorgezeichnet: Verschärfung des Kriegsstrafrechts. Der Nationalsozialismus verstärkte diesen Trend. Während jedoch vorher vor allem im Sinne militärischer Disziplin und „Manneszucht" argumentiert wurde, drangen im „Dritten Reich" politische und ideologische Gesichtspunkte zunehmend in die Diskussion ein. Die Unabhängigkeit der Justiz wurde auch innerhalb der Wehrmacht Zug um Zug beseitigt. Die Kriegsjustiz während des Zweiten Weltkriegs dürfte zu den finstersten Kapiteln der deutschen Rechtsgeschichte gehören.[29]

Besonders die Todesurteile waren es, die die Militärseelsorger mit der Militärjustiz zusammenführten; denn die Militärpfarrer hatten die Aufgabe, die Delinquenten in der Zeit vom Bekanntwerden des Falles bis zur Hinrichtung seelsorgerlich zu betreuen. Diese Aufgabe hat manchen Pfarrer an die Grenze seiner körperlichen und seelischen Belastbarkeit geführt, einige wohl auch über sie hinaus. Die Notwendigkeit einer strengen Gerichtsbarkeit zur Aufrechterhaltung der Disziplin war ihnen angesichts der Triebe und Instinkte, die der Krieg entfesselte, nicht grundsätzlich problematisch; zumindest bestritten sie diese nicht. Aber die unglaubliche Härte einzelner Entscheidungen, zum Beispiel wenn es sich um Todesurteile über noch Halbwüchsige von 17 oder 18 Jahren handelte, die im Gefecht aus Angst ihren Posten verlassen hatten, stürzte sie in schwerste Gewissenskonflikte. Sie waren es schließlich, die hautnah bis zum letzten Augenblick miterlebten, was derartige Justizmorde bei den Betroffenen auslösten und welches unbeschreibliche Elend sie bewirkten.

In der großen Mehrzahl der Fälle stand der Pfarrer vor vollendeten Tatsachen. Seine Bemühungen richteten sich darauf, dem Delinquenten noch einmal eine Möglichkeit zur Aussprache zu geben, ihm biblischen

---

[29] Messerschmidt / Wüllner (1987).

Trost zuzusprechen und mit dem Abendmahl für den letzten Gang zu stärken. Ein Brief an die Angehörigen wurde geschrieben. Dann begleitete der Seelsorger den Todeskandidaten zum Richtplatz, sprach ein Gebet mit ihm, während man ihm schon eine Augenbinde anlegte und an den Erschießungspfahl band. Im nächsten Augenblick fielen die tödlichen Schüsse.[30]

Für diesen Fall der Seelsorge an zum Tode verurteilten evangelischen Wehrmachtangehörigen erließ der Feldbischof, Franz Dohrmann, im Jahre 1942 eine „Anweisung"[31]:

Er verfügte, dass die Seelsorge „unverzüglich nach Bekanntwerden des Falles einzusetzen" habe. Anhand der Akten und durch persönlichen Kontakt mit dem Gerichtsherrn habe der Geistliche sich ein Bild vom Angeschuldigten zu verschaffen und ihn sofort aufzusuchen, um ihm „das Neue Testament, das Feldgesangbuch und kleine geeignete Hefte für die stillen Stunden" zu übergeben. Im Neuen Testament waren bestimmte Stellen gekennzeichnet. Zwischen Bekanntgabe und Vollstreckung des Urteils habe der Pfarrer ihm „zur inneren Ruhe und zur letzten Sammlung zu verhelfen". Er „bringe den Verurteilten möglichst zu der Überzeugung, daß sein Sterben eine Sühne für seine Tat, und eine Warnung für manchen, der sich in Gefahr befindet abzugleiten".

Die zynische Betrachtungsweise einiger Offiziere, in deren Augen es hauptsächlich darum ging, dass der Delinquent keine „Fisimatenten" machte, wurde nicht zuletzt auch dadurch ermöglicht, dass christliche Pfarrer den Todgeweihten oft zu einem gefassten Sterben verhalfen. Dieser Faktor war einplanbar, vor allem für ein Bewusstsein, das Militärseelsorge als Mittel der psychologischen Kriegsführung einstufte. Den Pfarrern selbst stellte sich das Problem anders dar. Sie standen vor der Alternative:

„Entweder der Mann wird hingerichtet unter allen entwürdigenden Umständen, die solch eine Prozedur mit sich bringt, oder er hat wenigstens noch ein letztes Mal die Möglichkeit der Aussprache und der menschlichen Begegnung mit einem Pfarrer, der in ihm nicht das

---

[30] Vgl. auch Goes, Albrecht, Unruhige Nacht, 1950, verfilmt 1958, Regie: Falk Harnack.

[31] Anweisung für die Seelsorge an den zum Tode verurteilten evgl. Wehrmachtangehörigen. Ev. Feldbischof der Wehrmacht 25 h 63 GEf., GA-MA RW 12/I.

‚minderwertige Element' sieht, das es ‚auszumerzen' gilt, sondern den von Gott geliebten Menschen."[32]

Traditionelles Kriegsbild und Realität des Vernichtungskriegs

In der Perspektive des preußisch- christlichen Soldatenethos und einer ihm korrespondierenden Frömmigkeit stellt grundsätzlich die Tatsache des kriegerischen Kampfes und damit verbundener Grausamkeiten und Härten kein Problem dar. Das Recht des Staates zum Kriege, die unabweisbare Notwendigkeit von Disziplin und Manneszucht, das Prinzip von Befehl und Gehorsam, Gewalt und Gegengewalt stehen außerhalb der Kritik. Strittig sind allerdings das Ausaß und die konkrete Legitimation bestimmter kriegerischer und mit dem Kriege verbundener Gewaltakte. Katastrophal schließlich ist die Einsicht in den verbrecherischen Charakter des Zweiten Weltkriegs gewesen, sofern die Beteiligten sich ihr gestellt haben.

Den Pfarrern ist nicht verborgen geblieben, dass die Wehrmacht sowohl durch die ideologisch motivierte Dynamik der Partei als auch durch die jeweilige militärische Lage erheblich unter Druck geriet. Die Gegnerschaft zur nationalsozialistischen Ideologie stand für die Wehrmachtpfarrer, die mehrheitlich der gemäßigten Bekennenden Kirche (im Unterschied einerseits zur Bekennenden Kirche der Bruderräte und andererseits der Deutschen Christen) zuzuordnen sind, außer Frage. Die Gegnerschaft zum Bolschewismus und zum feindlichen Westen war jedoch nach wie vor selbstverständlich übernommenes Erbe aus dem Ersten Weltkrieg. So fand man sich, scheinbar in der Mitte, als die Repräsentanten des eigentlichen, des anständigen Deutschland: von außen genötigt, im Gewissen gespalten, innerlich zerrissen, im Handeln jedoch aktiv, den unausweichlich scheinenden politischen und militärischen Notwendigkeiten gehorchend.

Die Militärseelsorge ermutigt zum Ertragen, zum Führen, zum Kämpfen, nicht jedoch zum Ungehorsam, zur illegalen Abweichung oder gar zum Widerstand. Damit wird eine Prioritätenentscheidung der

---

[32]Anonymus, Ev. Wehrmachtpfarrer im Zweiten Weltkrieg, Interview 1982. Transkript im Besitz d. Verf.

Militärseelsorge des Zweiten Weltkriegs deutlich. Die Militärseelsorge verzichtete auf Kritik an der politischen und militärischen Führung, um die institutionellen Chancen zur Seelsorge und zur Evangeliumsverkündigung zu erhalten.

Fazit

Selbstverständnis und Verkündigung der evangelischen Militärseelsorge von 1939 bis 1945 dürfte sich als breiter Ausschnitt aus dem zivilkirchlichen Spektrum begreifen lassen. Ausschnitt aus einem Spektrum heißt: Große Übereinstimmungen mit den theologischen Auffassungen innerhalb der evangelischen Landeskirchen, aber Ausblendung des dezidiert reformierten Anteils.

Die Militärseelsorge unter Feldbischof Franz Dohrmann ist das Risiko nicht eingegangen, die institutionelle Existenz für die Freiheit einer an Schrift und Bekenntnis gebundenen Verkündigung aufs Spiel zu setzen. Darin unterscheidet sie sich klar von der Einstellung und Praxis der Bruderräte der Bekennenden Kirche.

Größere Nähe als zu den Bruderräten der Bekennenden Kirche hat die Militärseelsorge zu den sogenannten „intakten Kirchen". Der Feldbischof hat nicht nur persönliche Kontakte zu den Bischöfen Theophil Wurm und Hans Meiser gepflegt, er ist auch – wie sie – Kompromisse eingegangen, um die rechtmäßige Struktur der evangelischen Kirche nicht der Zerstörung auszuliefern.

Aber auch von den sogenannten „intakten Kirchen" unterscheidet sich die evangelische Militärseelsorge des Zweiten Weltkriegs an einem wesentlichen Punkt. Während die württembergische und die bayerische Landeskirche öffentliche Auseinandersetzungen mit Partei- und Regierungsstellen zur Schulfrage oder zu den Euthanasieverbrechen durchgestanden hat, vermied die Militärseelsorge jede kritische Äußerung. Briefe wie die von Theophil Wurm hat Franz Dohrmann nie geschrieben.

Aus der Militärseelsorge sind keine Verlautbarungen hervorgegangen, die den Weg der politischen und militärischen Führung kritisch kommentiert und die Öffentlichkeit an Gottes Gebot und Verheißung erinnert hätten. Wieweit unter den Bedingungen des totalen Staates nach 1933 und des totalen Krieges nach 1939 möglich war und welche persönlichen Konsequenzen es für die Verfasser oder Verbreiter oder Verteidiger einer solchen öffentlichen Erklärung zur Folge gehabt hätte, ist eine Frage, die sorgsam erwogen sein will. Sie ändert jedoch nichts an der Tatsache, dass die evangelische Militärseelsorge geschwiegen hat, wo es ihrem Auftrag entsprochen hätte, öffentlich zu reden.

Heutige Kritik wird das Schweigen der Militärseelsorge angesichts der Verbrechen gegen die Menschlichkeit, der Kriegsverbrechen, der Justizmorde deutscher Kriegsgerichte, der Politik der verbrannten Erde, des Völkermordes an den Juden missbilligen, nachdem es an patriotischen Äußerungen – auch des Feldbischofs – bis 1934 nicht gefehlt hatte.

Im Gegensatz zum Geistlichen Vertrauensrat der Evangelischen Kirche in Deutschland hat es aber auch keine offiziellen Ergebenheitsadressen und Loyalitätserklärungen gegeben. Einlassungen einzelner Pfarrer, so zahlreich sie gewesen sein mögen, liegen auf einer anderen Ebene. Die Militärseelsorge als Institution hat dem Regime nicht öffentlich Beifall gespendet.

Die evangelische Militärseelsorge des Zweiten Weltkriegs ist nicht der willfährige Handlanger des totalen Weltanschauungskriegs gewesen. Mit der Aufrüstungs- und Revisionspolitik Hitlers, mit der Besetzung des entmilitarisierten Rheinlands, dem „Anschluss" Österreichs, der Erpressung der Tschechoslowakei und dem Überfall auf Polen hat sie keine Probleme gehabt. Die Freude über den Sieg gegen Frankreich dürfte weithin ungetrübt gewesen sein, auch wenn dieser Sieg nicht überall religiös überhöht worden ist.

Aussagen wie die von Karl Barth in seinem Brief an Hromadka wären in der Militärseelsorge auf dasselbe Unverständnis und Entsetzen gestoßen wie in der zivilen Kirche bis hin zu den Bruderräten der Bekennenden Kirche. In der Außenpolitik zumindest bis 1940 war das Maß der Identifikation zwischen der Militärseelsorge und dem nationalsozialistischen Regime am höchsten.

Von Beginn des Krieges an und schon vorher wusste die Militärseelsorge, dass sie das Opfer gezielter Verdrängungs- und Verfolgungsstrategien war. Die Entkonfessionalisierungsmaßnahmen müssen hier nicht im Einzelnen beschrieben werden. Klar ist, dass die Kirche in der Wehrmacht am Kriegsende auch vor ihrem eigenen Ende stand, das ihr die Nationalsozialisten bereitet hatten. Die Zahl der Verbände ohne Pfarrer wuchs ständig. Fehlstellen wurden nicht mehr besetzt. Wo irgend möglich, ob bei der Versorgung mit Schrifttum oder der Gewährung von Arbeitsmöglichkeiten, setzte die Partei über das OKW ihren Einfluss durch.

Es muss allerdings auch klar gesehen werden, dass die Behinderung der Militärseelsorge nicht entfernt verglichen werden kann mit den Verfolgungs- und Vernichtungsmaßnahmen, zu denen das NS-Regime gegenüber den Opfern seines Hasses fähig war.

Mir ist kein Kriegspfarrer bekannt geworden, der aufgrund seiner Amtsführung als Pfarrer der evangelischen Kirche wegen Wehrkraftzersetzung oder aus einem anderen Grund von einem Kriegsgericht zum Tode verurteilt worden wäre. Dies mag dem Wohlwollen militärischer Gönner zuzurechnen sein. Verfolgungen durch den Nationalsozialismus haben jedoch für die Betroffenen in aller Regel anders ausgesehen als die Behinderungen und Schikanierungen, die Zurückdrängung aus dem öffentlichen Leben und die Einengung der Wirkungsmöglichkeiten, die die Militärseelsorge erfahren hat.

Ob nun die politische Mentalität oder die theologischen Auffassungen zur Debatte stehen – die evangelische Militärseelsorge ist ein ausgesprochen aussagekräftiges Phänomen des deutschen Mehrheitsprotestantismus in der ersten Hälfte des 20. Jahrhunderts: Tief verstrickt in die nationalsozialistische Herrschaft und den notwendig aus ihr resultierenden Krieg, zugleich ihr Opfer und in begrenztem Maße auch das Reservoir nonkonformistischer, nicht angepasster, sich verweigernder, im Einzelfall widersprechender und sich widersetzender Zeitgenossen.

Literatur

Banse, Holger, Im Schatten des militärischen Erfolgs. Kirchliche Kriegshilfe am Beispiel der Feldprediger bei der Division „Edelweiß" (2002), in: Schmidt u.a. (2019), S. 77-102.

Beese, Dieter, Kirche im Krieg. Evangelische Wehrmachtpfarrer und die Kriegsführung der deutschen Wehrmacht, in: Müller / Volkmann (1999), S. 486-502.

Beese, Dieter, Die Rolle der evangelischen Wehrmachtpfarrer im Zweiten Weltkrieg. Vortrag im Rahmen der Gesamtkonferenz der Evangelischen Militärseelsorge in Norwegen am 11. Januar 1999, in: Schmidt u. a. (2019), S. 31-76.

Beese, Dieter, Zur Predigtarbeit der evangelischen Militärseelsorge im Zweiten Weltkrieg, 1996 (http://www.dieter-beese.de/267401/387501.html)

Beese, Dieter, Seelsorger in Uniform. Evangelische Militärseelsorge im Zweiten Weltkrieg. Aufgabe – Leitung – Predigt, 1995.

Beese, Dieter, Evangelische Kirche und Wehrmachtseelsorge, in: Norden, Günther / Wittmütz, Volkmar (Hg.), Evangelische Kirche im Zweiten Weltkrieg (Schriftenreihe des Vereins für Rheinische Kirchengeschichte) 1991.

Brakelmann, Günter (Hg.), Kirche im Krieg. Der deutsche Protestantismus am Beginn des II. Weltkriegs (Studienbücher zur kirchlichen Zeitgeschichte Band 1/2) 1979, 2. durchges. Aufl. 1980.

Güsgen, Johannes, Die Katholische Militärseelsorge in Deutschland zwischen 1920 und 1945 (Bonner Beiträge zur Kirchengeschichte Band 15), 1989.

Hummel, Karl-Joseph / Kösters, Christoph (Hg.), Kirchen im Krieg. Europa 1939-1945, 2007.

Kennedy, Paul, Aufstieg und Fall der großen Mächte: Ökonomischer Wandel und militärischer Konflikt von 1500 bis 2000 (Fischer Taschenbuch) 6. Aufl. 2000.

Meier, Kurt, Kreuz und Hakenkreuz. Die evangelische Kirche im Dritten Reich, 1992.

Messerschmidt, Manfred, Die Wehrmacht im NS-Staat. Zeit der Indoktrination. Soldatische Menschenführung in der deutschen Militärgeschichte (Militärgeschichtliches Forschungsamt (Hg.), Truppe und Verwaltung Band 16) 1969.

Messerschmidt, Manfred, Die Wehrmachtjustiz im Dienste des Nationalsozialismus – Zerstörung einer Legende, 1987.

Missalla, Heinrich, Für Volk und Vaterland. Die kirchliche Kriegshilfe im Zweiten Weltkrieg 1978.

Overmans, Rüdiger: Deutsche militärische Verluste im Zweiten Weltkrieg. 2004.

Pöpping, Dagmar, Kriegspfarrer an der Ostfront: Evangelische und katholische Wehrmachtseelsorge im Vernichtungskrieg 1941-1945 (Arbeiten zur Kirchlichen Zeitgeschichte. Reihe B: Darstellungen, 66) 2017.

Röw, Martin, Militärseelsorge unter dem Hakenkreuz. Die katholische Feldpastoral 1939-1945, 2014.

Rudolph, Hartmut, Das evangelische Militärkirchenwesen in Preußen. Göttingen 1973.

Schmid, Rainer u. a. (Hg.), Im Sold der Schlächter. Texte zur Militärseelsorge im Hitlerkrieg (edition pace) 2019.

Statistisches Bundesamt, Versuch einer deutschen Bevölkerungsbilanz des Zweiten Weltkriegs, in: Wirtschaft und Statistik, 1949, S. 226-230.

Schwarz; Karl; Gesamtüberblick über die Bevölkerungsentwicklung 1939 – 1946 – 1955, in: Statistisches Bundesamt (Hrsg.), Wirtschaft und Statistik. 1956, S. 375-384.

Wehler, Ulrich, Deutsche Gesellschaftsgeschichte, Vierter Band, Vom Beginn des Ersten Weltkriegs bis zur Gründung der beiden deutschen Staaten 1914-1949, 2003.

Norbert Friedrich

Verbandsprotestantismus und Zweiter Weltkrieg

Folgt man bisherigen Darstellungen und Forschungen, so ist das vorliegende Thema eigentlich gar keins: entweder sparen die einschlägigen Darstellungen die Kriegszeit ganz aus oder behandeln sie als Appendix. Viele Darstellungen lassen den Vereins- oder Verbandsprotestantismus im Prinzip mit dem Kirchenkampf enden, und dieser „Kampf in der Kirche um die Kirche" umfasste nach der einschlägigen Definition von Joachim Mehlhausen lediglich die Jahre 1933/34[33], andere ziehen zwar die Linien weiter aus, legen aber keinen Schwerpunkt auf die Jahre nach 1939, dies gilt beispielsweise auch für die einschlägige Darstellung zur Inneren Mission von Jochen-Christoph Kaiser.[34]

Die Argumentation für diese Darstellung ist dabei immer ähnlich: Die den Vereinsprotestantismus tragenden Milieus hätten sich aufgelöst, die finanzielle Basis der Vereine sei weggebrochen, die kirchenpolitische Polarisierung habe die Kirche gestärkt, die Vereine aber geschwächt; viele hätten sich der Gleichschaltung nicht entzogen, entziehen können, hätten bereitwillig mitgemacht auch im vorauseilendem Gehorsam. Einziges Ziel der noch bestehenden Vereine sei es gewesen, „ihre Existenz nicht zu gefährden", so jedenfalls die vorwurfsvoll klingende und wohl auch so gemeinte Aussage des Leipziger Kirchenhistorikers Kurt Meier.[35] Seine Darstellung ist ein guter Beleg für diese Sichtweise: Meier widmet dem Gustav-Adolf-Verein und dem Evangelischen Bund nur einen knappen Absatz (bei 700 Seiten insgesamt), auch die Innere Mission kommt nur mal am Rande zur Sprache im Zusammenhang mit dem Geistlichen Vertrauensrat. Ansonsten dominiert in der Darstellung

---

[33] Joachim Mehlhausen, Nationalsozialismus und Kirchen, Theologische Realencyklopädie, Bd. 24, 43-78, Zitat 43.

[34] Jochen-Christoph Kaiser, Sozialer Protestantismus im 20. Jahrhundert. Beiträge zur Geschichte der Inneren Mission 1914-1945, München 1989; vgl. aber vom gleichen Autor auch Jochen-Christoph Kaiser, Protestantismus und Krieg, in: Karl Heinrich Pohl, Wehrmacht und Vernichtungskrieg, Göttingen 2000, 67-88.

[35] Meier, Der evangelische Kirchenkampf, Bd. 3: Im Zeichen des zweiten Weltkriegs, Göttingen 1984, 161, dort 160f sehr wenig zu den Vereinen.

massiv „die Kirche", der Focus ist die Kirchenleitung, sind Theologen. Dabei wird vergessen, dass viele Vereine und auch Verbände nicht nur weiterexistiert haben, sie haben weitergearbeitet, haben sich arrangiert oder auch nicht, haben Ziele gehabt. Eine Ausnahme in der Forschung bildet – neben Jochen-Christoph Kaiser – ein Aufsatz von Ellen Ueberschär, der den Verbandsprotestantismus aus der geschlechterspezifischen Perspektive behandelt. Ueberschär geht von folgender These aus:[36] *„Von einem Überleben der Vereinsarbeit ist nur für diejenigen Vereine zu sprechen, die entweder ohnehin weibliche Handlungsfelder abdeckten, oder für die, in denen Frauen männliche Tätigkeitsfelder besetzten."*[37]

Ob diese These tatsächlich für alle Vereine gelten kann, bedarf sicher noch weiterer sozialgeschichtlicher Forschungen. Klar scheint aber zu sein, dass hier durch die Genderperspektive ein neues Erklärungsmuster sowohl für den Verbandsprotestantismus als auch für die verfasste Kirche gibt. An einigen Vereinen und Verbänden sollen wenige Spezifika für die Kriegszeit benannt werden. Da man die Geschichte der Vereine und Verbände im Zweiten Weltkrieg nicht von den Jahren 1933/34, in den sich das Regime festigte und in denen eine zentrale Transformation der Rolle von Kirche, Vereinen und Staat stattfand, trennen kann, muss die Vorgeschichte knapp mit betrachtet werden. Innere Gespanntheit, Aufgaben und Freiraum etc., erklären sich nur aus der Vorgeschichte, aus der Ausrichtung der Vereine und Verbände.

Die Vereine und Verbände sind dabei Kinder des 19. Jahrhunderts, sie sind, wie Jochen-Christoph Kaiser schreibt „ein zentrales Element der modernen Bürgerlichkeit zur Mobilisierung des Kirchenvolkes gegen die Säkularisierung und zur Wiederverchristlichung der Gesellschaft" gewesen.[38]

---

[36] Vgl. z.B. Rudolf von Thadden, Die Geschichte der Kirche und Konfessionen, in: Wolfgang Neugebauer (Hg.), Handbuch der Preußischen Geschichte. Bd. III: Vom Kaiserreich zum 20. Jahrhundert und große Themen der Geschichte Preußens, Berlin 2001, 547-712, hier 703-708.

[37] Ellen Ueberschär, Krieg und Kriegsende – das Überleben protestantischer Vereinsarbeit zwischen 1939 und 1945, in: Norbert Friedrich/Traugott Jähnichen (Hg.), Sozialer Protestantismus im Nationalsozialismus. Diakonische und christlich-soziale Verbände unter der Herrschaft des Nationalsozialismus, Münster 2003, 147-154, hier 148.

[38] Jochen-Christoph Kaiser, Die Formierung des protestantischen Milieus, in: Olaf Blaschke/Frank-Michael Kuhlmann, Religion im Kaiserreich. Konfessionelle Vergesellschaftung im 19 Jahrhundert – Milieus – Mentalitäten – Krisen, Gütersloh 1996, 257-289, hier 267.

Es entstand im 19. Jahrhundert, in mehreren Etappen ein differenziertes Verbandsspektrum, wobei man insgesamt acht Typen unterscheiden kann[39], die die Spannweite des Protestantismus abdecken konnten. Schon in der Wachstumsphase des Verbandsprotestantismus war er einem hohen Außendruck ausgesetzt, dies gilt besonders für die Weimarer Republik, wo Staat und Kirche ihren Einflussbereich auf die klassischen Gebiete des Vereinsprotestantismus auszudehnen suchten.

Sozialpolitische Vereine

Viele der sozial- bzw. gesellschaftspolitischen Vereine innerhalb des deutschen Protestantismus führten so schon vor 1933 nur noch ein Schattendasein, nach 1933 gelang es ihnen jedoch oftmals, sich der Gleichschaltung zu entziehen. Ich nenne hier den Evangelisch-sozialen Kongress oder den Kirchlich-sozialen Bund, beide können kurz dargestellt werden, da sie besondere Aktivitäten nicht mehr entfalteten.[40]

Der Kirchlich-soziale Bund, der 1932/33 in einer schweren Finanz- und Personalkrise stand, agierte faktisch kaum noch, er wurde, nach mehreren vergeblichen Wiederbelebungsversuchen erst 1941 aufgelöst, die Geschichte des Verbandes endete im Zweiten Weltkrieg. Resignation und das Empfinden, keinen angemessenen Platz für den Bund im nationalsozialistischen Deutschland zu finden, haben zur Auflösung geführt; der Bund sah keine Entfaltungsmöglichkeit mehr, Personal stand nicht zur Verfügung.

Etwas anders sieht die Geschichte des Evangelisch-sozialen Kongresses aus, der bis in die Nachkriegszeit hinein existierte, wobei für die lange Existenz das Engagement und die Arbeit des langjährigen

---

[39] Jochen-Christoph Kaiser, Konfessionelle Verbände im 19. Jahrhundert. Versuch einer Typologie, in: Helmut Baier (Hg.), Kirche in Staat und Gesellschaft im 19. Jahrhundert. Referate und Fachvorträge des 6. Internationalen Kirchenarchivtages Rom 1991, Neustadt a.d. Aisch 1992; Kaiser unterscheidet 1: missionarisch tätige Vereine; 2. karitative Verbände; 3. kirchenpolitisch tätige protestantische Verbände, gesamtkirchlich tätige katholisch-kirchenpolitische Verbände; 4. Vereine für Sozialreform auf konfessioneller Grundlage; 5. Berufsverbände; 6. wissenschaftlich(-theologische) Vereine; 7. Naturstände (Frauen, Jugend); 8. Bildungsvereine.

[40] Vgl. dazu neuerdings Christian Illian, Sozialer Protestantismus im Kirchenkampf, in: Jähnichen/Friedrich, Sozialer Protestantismus im Kirchenkampf, 25-39, dort auch die Informationen zum Kirchlich-sozialen Bund.

Generalsekretärs Johannes Herz ausschlaggebend gewesen sein dürften.[41] Bis 1940 konnte man, vor einer begrenzten Öffentlichkeit, Jahresversammlungen abhalten, wobei man eine hohe Anpassungsleistung an die NS-Ideologie konstatieren muss, gerade in sozialpolitischen Fragen. Als eine ideologische Brücke diente dabei auch die nationalsoziale Terminologie, wie sie Friedrich Naumann gepflegt hatte. Als widerständige Organisation lässt sich der Evangelisch-soziale Kongress sicher nicht beschreiben.

Der auf den städtischen Raum konzentrierte Verein war von den zunehmenden Einschränkungen des Krieges, der Kriegswirtschaft und besonders der Luftangriffe und Zerstörungen stark betroffen, Aktivitäten sind kaum noch zu finden.

Was für die sozialpolitischen Vereine gilt, kann auch für viele karitative Vereine gesagt werden. Das Blaue Kreuz beispielsweise, welches sich 1933 bereitwillig und freudig hatte gleichschalten lassen, bemühte sich, seine Arbeit auch unter den Bedingungen des Krieges und der sich verstärkenden Eingriffe des Nationalsozialisten in die einzelnen Vereine und Verbände fortzusetzen.[42] Wieder fällt die enorme Anpassungsleistung auf, dazu treten die Berichte über die Einschränkungen der Kriegszeit durch die Vernichtung der eigenen Häuser etc. Dabei erzeugte der Krieg offensichtlich auch eine depressive Stimmung, gerade in den Jahren 1940/41 scheinen viele Vereine über eine Aufgabe nachgedacht zu haben, dies gilt für das Blaue Kreuz[43], aber auch für diakonische Verbände, auf die ich noch eingehen werde.

Zuvor muss aber noch eine wesentliche Entwicklung auf politischem Gebiet angesprochen werden: die offene und subtile Bekämpfung von Vereinen und Verbänden, von Kirchen und kritischen Organisationen durch die sich verschärfende Pressegesetzgebung der Nationalsozialisten. Gerade für viele Vereine und Verbänden stellten die Publikationen

---

[41] Vgl. dazu Klaus Erich Pollmann, Der Evangelisch-soziale Kongreß in der Zeit des Nationalsozialismus, in: Jähnichen/Friedrich, Sozialer Protestantismus im Kirchenkamp, 11-24; vgl. zum ESK und Johannes Herz auch Nikola Schmutzler, Evangelisch-sozial als Lebensaufgabe. Das Leben und Wirken von Johannes Herz (1877-1960), Leipzig 2013.

[42] Vgl. dazu die eigene Publikation Heinz Klement, Das Blaue Kreuz in Deutschland. Mosaiksteine aus über 100 Jahren evangelischer Suchtkrankenhilfe, Wuppertal 1990, 118-139.

[43] A.a.O., 135.

wichtige Kommunikationsmittel dar; hier konnten Informationen weitergegeben werden, hier konnten Leitlinien entwickelt bzw. weitergegeben werden, gemeinsame Positionen entwickelt werden, Informationen ausgetauscht werden. So trafen auch die massiven Einschränkungen Vereine und Verbände im Kern. Häufig war, durch die Kriegswirtschaft Papierknappheit das Argument. Mit dem faktischen Verbot wurde eine lange protestantische Pressetradition beendet, nach 1945 konnte sich die Kirchenpresse in dieser Form nicht wieder bilden.[44] Besonders im diakonischen Bereich gab es jedoch, z.T. erst durch schwierige Verhandlungen erreicht, Ausnahmen für vereinsinterne Publikationen. Damit konnte dann zumindest eingeschränkt der Informationsfluss unter den Mitarbeitern und Mitgliedern sichergestellt werden. Anders als die in Nischen beheimateten kleinen Vereine – häufig nur von einer Idee und Aufgabe getragen – war die Innere Mission positioniert, die noch immer ein in bestimmten Bereichen geduldeter wichtiger Anbieter auf dem sozialen Sektor war.

Im Folgenden sollen am Beispiel des Kaiserswerther Verbandes die Handlungsspielräume und Probleme des Verbandsprotestantismus im Zweiten Weltkrieg näher studiert werden.

Der Kaiserswerther Verband im Dritten Reich[45]

Der 1916 gegründete Kaiserswerther Verband ging organisatorisch geschwächt in das Jahr 1933, nachdem er in der Weimarer Republik sowohl einen raschen Aufstieg wie einen jähen Sturz verkraften musste. 1916, also mitten im Ersten Weltkrieg als eine innerdeutsche Interessenbewegung der Mutterhäuser Kaiserswerther Prägung gegründet,

---

[44] Matthias Pöhlmann, Publizistik/Presse Teil 4, TRE 27, 711-715.

[45] Vgl. dazu Heide-Marie Lauterer, Liebestätigkeit für die Volksgemeinschaft. Der Kaiserswerther Verband deutscher Diakonissenmutterhäuser in den ersten Jahren des NS-Regimes, Göttingen 1997; Ruth Felgentreff, Profil eines Verbandes. 75 Jahre Kaiserswerther Verband, Bonn 1991; Norbert Friedrich, 100 Jahre Kaiserswerther Verband, in: Du stellst meine Füße auf weiten Raum. 100 Jahre Kaiserswerther Verband deutscher Diakonissen-Mutterhäuser, Berlin 2016, 5-60. Informativ ist auch der Bericht über die Arbeit des Kaiserswerther Verbandes deutscher Diakonissenmutterhäuser vom 1. Januar 1938 bis zum 31. Dezember 1946, erstattet auf der ersten Tagung des Kaiserswerther Verbandes nach dem Kriegsgeschehen, Ende Oktober 1947, Manuskript (Bibliothek der Fliedner-Kulturstiftung Kaiserswerth).

kümmerte sich der Verband um einen ganzen Strauß von Fragen, von der Diakonissentracht bis zur Altersversorgung, von wirtschaftlichen Fragen bis zu verbandspolitischen Interessen. Zielpunkt war jeweils der Austausch und die Vereinheitlichung unter den selbstständigen Mutterhäusern sowie die Vertretung nach außen. Der Versuch, einen Ausgleich zwischen den großen und kleinen Mutterhäusern zu erreichen, bestimmte die Arbeit. Der Verband hat unter den Bedingungen des Weimarer Wohlfahrtsstaates zunächst eine erfolgreiche Entwicklung genommen. Man stellte einen hauptamtlichen Verbandsdirektor ein – Johannes Thiel (1874-1941)[46] – sowie einen weiteren Referenten, Pastor Ernst Siebert. 1927 errichtete man das Referat Kinderpflege, Leiterin wurde Auguste Mohrmann (1891-1967)[47]. In Berlin-Wilmersdorf richtete man schließlich auf eigenem Grundstück eine Geschäftsstelle ein.

Der Verbandsgeschäftsführer D. Johannes Thiel, vormals Vorsteher des Diakonissenhauses Berlin-Bethanien, war ein Multifunktionär, fest eingebunden in die Strukturen des Central-Ausschusses und der freien Wohlfahrtsverbände. Mit dem Devaheim-Skandal[48], dem großen Finanzskandal der Inneren Mission, geriet auch der Verband in Unruhe. Der Verbandsgeschäftsführer war in den Skandal involviert, er musste von seinem Amt zurücktreten, damit stand der Verband vor seiner größten Krise. Diese bestimmte die Jahre 1932 und 33 weit mehr als die politischen und sozialen Unruhen der Zeit.

Aus der Krise gestärkt hervor ging der ehrenamtliche Vorstand der Kaiserswerther Verbandes, der im September 1932 neu zusammengesetzt wurde. Zwei Personen waren es dann, die für den Verband von

---

[46] Zur Person vgl. Rainer Bookhagen, Die evangelische Kinderpflege und die Innere Mission in der Zeit des Nationalsozialismus. Mobilmachung der Gemeinden, Bd. 1: 1933-1937, Göttingen 1998, 613.

[47] Vgl. zur Person vgl. Ruth Felgentreff, Auguste Mohrmann 1. März 1891-4. April 1967, in: Der Weite Raum 1991, Nr. 1, 15f; Lauterer, Liebestätigkeit, passim, bes. 77-82; Bookhagen, Kinderpflege, passim, bes. 585.

[48] Martin Gerhardt, Martin, Ein Jahrhundert Innere Mission. Die Geschichte des Central-Aus¬schusses für die Innere Mission der Deutschen Evangelischen Kirche, Teil 2: Hüter und Mehrer des Erbes, Gütersloh 1948, 30ff; zu den Konsequenzen vgl. Jochen-Christoph Kaiser, Sozialer Protestantismus im 20. Jahrhundert. Beiträge zur Geschichte der Inneren Mission 1914-1945, München 1989, 17f; zeitgenössisch vgl. Hermann Schumacher, Devaheim, Innere Mission und Kirche. Auf Grund authentischen Materials dargestellt von Hermann Schumacher mit einem Nachwort von Otto Dibelius, Berlin 1931.

entscheidender Bedeutung werden sollten: Siegfried Graf von Lüttichau und Hans Lauerer. Daneben spielten noch die Gebrüder Meyer, Vorsteher in Bethel bzw. Hannover Henriettenstift, eine Rolle.

Der Schlesier Graf von Lüttichau[49] (1877-1965) war, als Vorsteher der Kaiserswerther Diakonissenanstalt, gesetztes Mitglied des Vorstandes. Nach verschiedenen beruflichen Stationen war er seit 1925 Vorsteher in Kaiserswerth. Er hatte Akzente gesetzt sowohl nach innen, durch theologische und gemeinschaftsbildende Arbeit mit der Schwesternschaft in dem Bemühen, das Mutterhaus wieder zum geistlichen Zentrum der Anstalt zu machen, als auch nach außen durch die Organisierung der Expansion der Diakonissenanstalt.

Lüttichau wurde nun in der Krise zum Vorsitzenden des Kaiserswerther Verbandes gewählt, Stellvertreter wurde der Rektor der Diakonissenanstalt Neuendettelsau Hans Lauerer (1884-1954)[50], auch er wie Lüttichau ein gründlicher lutherischer Theologe und guter Organisator, der die Neuendettelsauer Diakonissenanstalt in seiner langen Amtszeit (von 1918-1953) zu einer neuen Größe führte. Mit diesen beiden, unterstützt besonders Erich Meyer aus Sarepta, steuerte der Verband nun durch die Jahre 1933 bis 1945. Mehr und mehr in die Verantwortung gelangte zudem eine weitere Person, die schon erwähnte Auguste Mohrmann, die als Angestellte des Kaiserswerther Verbandes zunehmend selbstständig agieren konnte.

Die Verantwortlichen des KV können in der großen Mehrheit als national gesinnte, konservative Protestanten charakterisiert werden, sie standen in offener oder latenter Opposition zur Weimarer Republik, und sie begrüßten die Übertragung der Macht auf Adolf Hitler am 30. Januar 1933.[51] Die staatlichen Maßnahmen der ersten Monate verfolgten sie mit Wohlwollen und der erklärten Absicht, sich in den neuen Staat aktiv gestaltend einzubringen, meinten sie doch hier ihre nationalen und religiösen Hoffnungen verwirklicht sehen zu können. Zugleich zeigte man aber das ernste Bemühen, die eigenen Institutionen, den

---

[49] Nach Anna Sticker, Zum 10. Juni – 1877-1977. In Memoriam Siegfried Graf von Lüttichau, Manuskript o.D. (1977), (Bibliothek der Fliedner-Kulturstiftung Kaiserswerth)
[50] Blätter für innere Mission Bayern 1954, Nr. 1, 3-6.
[51] Dazu die Hinweise bei Lauerer, Liebestätigkeit, 40ff.

Verband, besonders aber die im Verband zusammengeschlossenen einzelnen Mutterhäuser, die in der Regel als Stiftungen oder altrechtliche Vereine organisiert waren, zu erhalten.

Der Weg sollte in einer weitgehenden Anpassung an Ziele und Strukturen der Nationalsozialisten bestehen. So sympathisierten viele mit den Plänen der Deutschen Christen und der NSDAP, eine evangelische Reichskirche zu schaffen. Man stellte sich zunächst auf die Seite des vorgesehenen Reichsbischofs Ludwig Müller und stand gegen die Wahl von Friedrich von Bodelschwingh zum Reichsbischof, eine Positionierung des Kaiserswerther Verbandes, die später problematisiert wurde, auch wenn der Verband in seiner Gesamtheit nicht in das Lager der Bekenntnisfront überwechselte. Problematisch für eine einheitliche Position deswegen, weil nicht alle Pfarrer und Oberinnen sich der abstinenten Linie gegenüber der BK unterordnen wollten.

Parallel vollzog man bereitwillig die satzungsgemäße Gleichschaltung, um sich gleichzeitig für eine weitgehende Selbstständigkeit der Mutterhäuser und der Schwesternschaften einzusetzen. Dieser Prozess kann und soll hier nicht dargestellt werden, er war komplex, von einem vielschichtigen Motivbündel beherrscht.[52]

Bei den Verantwortlichen auf Seiten des Kaiserswerther Verbandes waren die NSDAP-Parteimitglieder wie Auguste Mohrmann oder Siegfried Graf Lüttichau (von 1933 bis 1939) maßgeblich; diese waren anders als Hans Lauerer aus politischen Erwägungen in die Partei eingetreten. Sie alle verband freilich eine unterschiedliche Ferne zur Bekennenden Kirche. Die im Juni 1933 vollzogene „Gleichschaltung" des Kaiserswerther Verbandes als Schwesterngemeinschaft war insofern ein Kompromiss, als erreicht werden konnte, dass nicht die einzelne Schwester Mitglied der „Reichsfachschaft deutscher Schwestern" wurde, sondern es eine korporative Mitgliedschaft gab. Ergebnis dieser Konstruktion war nicht nur die Aufwertung der Funktion und die Machterweiterung von Auguste Mohrmann als Führerin der Schwesternschaft des Kaiserswerther Verbandes, sondern besonders die Gründung der „Diakoniegemeinschaft" der evangelischen Schwesternverbände, wie-

---

[52] Für die Verbandsebene vgl. dazu die Darstellung von Lauterer, Liebestätigkeit; für die einzelnen Häuser besteht hier noch erheblicher Forschungsbedarf.

derum unter Auguste Mohrmann. Als man schließlich 1939 aus den sog. Hilfsschwestern der Mutterhäuser die Verbandsschwesternschaft des Kaiserswerther Verbandes bildete, wurde Auguste Mohrmann auf Vorschlag von Siegfried Graf Lüttichau zur nicht immer unangefochtenen, aber doch maßgeblichen Oberin aller Schwesternschaften.[53] Damit erhielt sie eine Machtbasis, die dann für die Kriegszeit bedeutsam war. Denn es standen ca. 50.000 Schwestern der Diakoniegemeinschaft nur knapp 6.000 sog. braunen Schwestern und einigen tausend freien Schwestern gegenüber.[54]

Die sich vergrößernde Macht des Verbandsvorstandes gegenüber den einzelnen Häusern und der Mitgliederversammlung korrespondiert mit einer Ausweitung der Befugnisse des Vorstandes auf Kosten der Mitgliederversammlungen und Konferenzen, 1933 und später zu Beginn des Krieges nochmals erhielten von Lüttichau und der Vorstand Totalvollmacht, beides Mal vor dem Hintergrund von Krisen, als es staatliche Übergriffe auf einzelne Häuser, wie die Mutterhäuser in Darmstadt bzw. Ludwigslust gab.[55]

Auch wenn gerade die staatlichen Eingriffe und Repressionen die prekäre Lage der Diakonie immer wieder verdeutlichten, waren in dieser Entwicklung der Kaiserswerther Verband und die Diakoniegemeinschaft zu wichtigen Ansprechpartnern gegenüber dem Staat geworden. Sie fungierten in den zentralen Fragen der Krankenpflege, Wehrmachtskrankenpflege aber auch in vielen grundsätzlichen Fragen im Verhältnis von Staat und Kirche als Ansprechpartner.

Zum Kriegsausbruch war damit die Lage der Mutterhäuser und des Kaiserswerther Verbandes komplex. Die Kategorien der Marginalisierung und der fortschreitenden Entkonfessionalisierung, die für das

---

[53] Vgl. dazu Norbert Friedrich, 75 Jahre Verbandsschwesternschaft, in: Sterntreffen des Kaiserswerther Verbandes am 4. Oktober 2014 in Neuendettelsau, Berlin 2014, 15-26 (Bibliothek der Fliedner-Kulturstiftung)

[54] Felgentreff, Profil, 104; Gerhardt, Jahrhundert II, 376.

[55] Felgentreff, Profil, 86f; zu nennen ist ebenfalls noch das Mutterhaus Berlin Bethanien, welches 1942 von der Gestapo enteignet wurde. Alle diese Aktionen passierten faktisch im wilden Vorgriff auf eine endgültige Zerschlagung der Diakonie nach einem gewonnenen Krieg. Vgl. auch zum Darmstädter Vorsteher Theodor Hickel, der sich auf die Seite der Bekennenden Kirche gestellt hatte und aus diesem Grund 1934 das Vorsteheramt des Elisabethenstiftes Darmstadt abgeben musste Lauterer, Liebestätigkeit, 186ff.

Staat-Kirchen-Verhältnis zur Zeit des Nationalsozialismus angelegt werden[56] scheinen aber kaum die Situation hinreichend zu erfassen. Denn Verfolgung und Loyalität, Hoffen und Bangen bestimmten weit mehr die Situation. Die Mutterhäuser und die mit ihnen verbundenen Arbeitsfelder hatten sich einerseits durch Anpassungsleistungen einen Status quo gesichert – zumal sie wichtige sozialpflegerische und medizinische Funktionen wahrnahmen. Zum anderen war aber ihre Lage nüchtern betrachtet schwierig. Reibereien mit den Behörden, wegbrechende Spenden, Bedrohungen der Existenz durch eine subtile Steuergesetzgebung, sinkende Eintrittszahlen in die Schwesternschaften und eine kirchen- und christentumsfeindliche Umgebung machten sich immer stärker bemerkbar. Auch wenn die sog. braunen Schwestern und ihre Organisation nicht den Erfolg zeigte, der erhofft wurde,[57] stellten sie doch eine immerwährende Bedrohung dar. Auch die konkreten Ereignisse der Jahre 1939 bis 1941 zeigen dies.

Die Schwestern der Diakonissengemeinschaft wurde nicht zum Lazarettdienst an der Front rekrutiert, ihnen blieb – zur großen Enttäuschung von vielen – „nur" die Heimatfront. Ein zweites kam dazu: Staatliche Eingriffe in einzelne Mutterhäuser häuften sich, angefangen vom Elisabethstift in Darmstadt, wo der Vorsteher wohl aufgrund seiner Mitgliedschaft in der BK verhaftet und später pensioniert wurde.[58] Ab 1939 kam es auch zur Beschlagnahme einzelner Häuser, nun war auch der Vermögensbestand bedroht. Doch der Verband konnte hier nur noch reagieren und administrieren, in aller Regel erfolglos.

Dennoch erlangte er in dieser Situation, gerade zu Beginn des Krieges, eine Klammerfunktion zwischen den Mutterhäusern, wurde doch die Außenvertretung gegenüber dem Staat offensichtlich immer wichtiger. Verband und Vorstand fanden teilweise nun zu alter Bedeutung zurück, gegenüber Kirche und Staat entstand wieder eine wirkungsvolle Interessenvertretung der Mutterhausdiakonie. Wichtiges Instrument der Einflussnahme und Verbandspolitik waren dabei die regelmäßigen

---

[56] Vgl. dazu die Hinweise bei Mehlhausen, Nationalsozialismus und Kirche.

[57] Zu den braunen Schwestern vgl. Gerhardt, Jahrhundert II, 375f; Kaiser, Sozialer Protestantismus, 289f.

[58] Lauterer, Liebestätigkeit, 85.

Rundschreiben, die immer in hektografierter Form über 1945 hinaus erschienen. Hier wurden die schwierigen Steuerfragen behandelt, in denen gerade der Betheler Verwaltungsleiter Johannes Kunze[59] eine wichtige Mittler- und Informationsfunktion einnahm.[60] Ebenso wichtig waren die Fragen der Krankenpflege und des Lazarettwesens.[61] Gerade über diese Fragen liefen dann aber wichtige Elemente einer Reintegration des Kaiserswerther Verbandes in den nationalsozialistischen Kriegsstaat. Denn einerseits waren die dirigistischen Eingriffe des Staates eine reale Bedrohung der Häuser und ihrer angestammten Arbeitsgebiete. Dabei lassen sich freilich die großen Unterschiede in der Behandlung und der Gefährdung der Arbeit teilweise durch die unterschiedliche Ausrichtung der Häuser (Behindertenarbeit, Schulen, Krankenhäuser, Jugendarbeit etc.) erklären sowie mit dem durch sie erreichten Versorgungsgrad für die Gesellschaft. Andererseits wurden die Schwestern als Pflegekräfte dringender denn je gebraucht. Auch wenn sich – anders als im Ersten Weltkrieg – keine Kriegseuphorie in den Mutterhäusern und im Kaiserswerther Verband finden lässt, sorgten die Kriegssituation für eine Zusammenrücken des Volkes, für eine zeitweise Überwindung des Grabens zwischen christlicher Kirche und NS-Bewegung und Ideologie und damit für eine größere Bereitschaft, sich Volk und Vaterland zur Verfügung zu stellen.

Welche Funktion übernahmen in diesem Kontext nun die Rundschreiben des Kaiserswerther Verbandes? In einer Zeit, in der Blätter der Mutterhäuser bis auf wenige Ausnahmen nicht mehr erscheinen durften, wurden die Rundschreiben – hektografierte und grafisch nicht gestaltete Blätter – zu wichtigen Kommunikationsmitteln. Sie ermöglichten besonders der Verbandsspitze Informationen auszutauschen. In der Rubrik „Planwirtschaft", in der es um neue Arbeitsgebiete geht, werden so beispielsweise regelmäßig Schwestern gesucht. Die Rund-

---

[59] Vgl. zur Person Norbert Friedrich, Johannes Kunze – Diakonie, Ökonomie und Politik, in: Matthias Benad/Kerstin Winkler (Hg.), Bethels Mission (2). Bethel im Spannungsfeld von Erweckungsfrömmigkeit und öffentlicher Fürsorge (BWKG, 20), Bielefeld 2001, 57-82.

[60] Vgl. dazu die vielfältigen Hinweise im internen Korrespondenzblatt des Kaiserswerther Verbandes, Kaiserswerther Verband deutscher Diakonissenmutterhäuser. Rundschreiben, z.B. Nr. 11/1940; Informationen zu Steuerfragen.

[61] Rundschreiben Nr. 12/1940.

schreiben vermitteln gerade in der Kriegszeit ein deutliches Bild von den sich stetig verschlechternden Situation in den Häusern und deren Arbeitsgebieten: die Arbeitsgebiete und die Nachfrage nach Schwestern wuchs ständig, der Schwesternmangel wurde dramatisch, die zunehmenden Kriegszerstörungen trafen die Anstalten hart. Die Schwierigkeiten und Probleme wurden dabei vielfach positiv gedeutet als ein Ausdruck für die Bedeutung und die Zukunftsfähigkeit der Diakonissenbewegung. Freilich verbindet sich dies, gerade zum Ende des Krieges vielfach mit der Forderung nach Demut, nach Unterordnung unter Gottes Willen. Das Ansprechen dieser für die Diakonissen geforderten quasi alten und klassischen Tugenden bedeutete zugleich auch, dass man sehr genau erkannte, dass NS-Bewegung und Krieg eine grundsätzliche Bedrohung der Diakonissengemeinschaften quasi katalytisch verstärkt und verdichtet hatte.

Denn in der Krise entdeckte die Mutterhausdiakonie wieder verstärkt die eigenen Wurzeln, die Verantwortlichen hofften, dass sich die offensichtlichen Probleme der Mutterhäuser, das Fehlen eines ausreichenden Nachwuchses sowie die öffentliche Infragestellung der Diakonissenidee, durch eine Rückbesinnung auf die Ursprünge würde lösen lassen können.[62] So waren die Häuser auch auf der motivationalen Ebene bedroht, es gab einen zu kleinen Stamm fester, gläubiger junger Schwestern.

Schwesternschaften im Krieg

Dies führt zu einer anderen Quellengattung, die für die Erforschung der Geschichte der Mutterhausdiakonie im Zweiten Weltkrieg von größter Bedeutung ist: den Schwesternbriefen.

Denn die Rundschreiben waren nach 1940 nicht die einzigen Blätter, die noch erscheinen konnten,[63], möglich waren auch die Schwesternbriefe, die in der Regel ebenfalls als hektografierte interne Blätter erschienen. Mit ihnen hielten die einzelnen Mutterhäuser Kontakt mit den ausgesandten Schwerstern. Die Briefe brachten – mit unterschied-

---

[62] Für die Debatten des 19. Jahrhunderts vgl. Jutta Schmidt, Beruf: Schwester. Mutterhausdiakonie im 19. Jahrhundert, Frankfurt/Main 1998.
[63] Vgl. Rundschreiben Nr. 22/1940.

lichen Schwerpunkten – geistliche Ratschläge, Personalnachrichten und „Familien"nachrichten. Autoren waren in der Regel die Oberin/Vorsteherin und der theologische Vorstand. Gerade der familienbezogene Charakter macht sie zu authentischen Quellen.[64]

Spätestens ab 1943 beherrschte ein Thema die Blätter der Häuser, die zunehmenden Kriegszerstörungen, die jedoch die grundsätzliche Arbeitsfähigkeit nicht bedrohte. So blieb auch der Kaiserswerther Verband in Berlin weiter aktiv, wiewohl am 1. März 1943 die Bürozentrale in der Landhausstraße in Berlin-Wilmersdorf zerstört wurde[65]. Auch die anderen Häuser arbeiteten in der Regel bis 1945 weiter.

Seelsorge mittels Serienbriefe wurde in dieser Zeit nicht allein durch die Häuser selbst geleistet, die Schwesternschaften verstanden sich als Teil einer großen Gemeinschaft, repräsentiert durch den Verband und insbesondere durch die Verbandsoberin Auguste Mohrmann. Sie war es, die sich nach dem Ausweis der noch vorhandenen Akten[66] mit organisatorischem Geschick, mit Ausdauer und Zähigkeit bemühte, die große Diakonissengemeinschaft zusammenzuhalten. Wie konnte man den Feierabendschwestern, denen ihr Haus und ihre Heimat genommen wurden, helfen? Wie erging es den anderen Schwesternschaften, welche Schwestern waren verstorben oder im Kriegseinsatz ums Leben gekommen? Was passierte mit den Häusern, den Immobilien? Wie konnten die Arbeitsgebiete weiter betreut werden? Diese Fragen wurden in den Briefen behandelt.

Die Diakonissenanstalt Kaiserswerth

Eine gewisse Spiegelung der hier beschriebenen Themen findet sich, indem man auf die Geschichte einzelner Mutterhäuser schaut, wenn

---

[64] Die folgenden Angaben beziehen sich schwerpunktmäßig auf die Kaiserswerther Schwesternbriefe, herangezogen wurden aber auch Publikationen von anderen Mutterhäusern. In Kaiserswerth war es beispielsweise Graf Lüttichau, der immer wieder von seinen im Krieg stehenden Söhnen berichtete – sie fielen dort alle –, in anderen Mutterhäusern waren die Berichte ähnlich.

[65] Rundschreiben Nr. 2/1943.

[66] Die Akten des Kaiserswerther Verbandes sind bis auf Reste bei der Zerstörung der Zentrale in der Landhausstraße vernichtet worden; das noch vorhandene Archiv befindet sich bei der Fliedner-Kulturstiftung Kaiserswerth.

auch hier die Forschungssituation noch disparat ist. Exemplarisch soll die Kriegssituation am Beispiel des Kaiserswerther Mutterhaus dargestellt werden.[67] In diesem Haus bestimmte Siegfried Graf von Lüttichau – gemeinsam mit der Vorsteherin Karin von Ruckteschell – die innere Geschichte. Dies tat er zunächst durch das zentrale Medium der Kommunikation, den Schwesternbriefen.[68] Sie dienten dazu, das politische Geschehen religiös zu verarbeiten, sie beinhalteten Andachten, Bibelarbeiten aber auch persönliche Nachrichten von der Familie etc. In diesen Texten spürt man ein Weiterleben des alten, die Frauendiakonie des 19. Jahrhunderts begleitenden Familienmodells, das gerade in den Zeiten der äußeren Bedrängung gemeinschaftsbildend war.[69]

Auffällig ist, dass man sich bemühte, die theologisch-konzeptionelle Arbeit weiterzuführen, gerade angesichts der beschriebenen inneren und äußeren Bedrohung der Mutterhausdiakonie. Nur zwei Beispiele sollen hier genügen: Im Jahr wurden bei Treffen mit leitenden Schwestern, die von den Außenstationen zu geistlichen Rüstzeiten in das Mutterhaus nach Kaiserswerth gekommen waren, die Themen „Diakonie und Bekenntnis" sowie „Von der Rechtfertigung" behandelt.[70] Beim Thema Bekenntnis wurden besonders der zu einem tätigen Christentum gehörende „Bekennermut" sowie das Verhältnis von Sündenbekenntnis und Beichte thematisiert. Die Rechtfertigungslehre wurden in ihrer Beziehung zur Diakonie untersucht, da „der rechtfertigende Glaube … die Diakonie von der Karitas und der Wohlfahrtspflege" unterscheide und somit ein christliches Alleinstellungsmerkmal der Diakonie und der Diakonisse sei. Auch wenn gerade auf alle zeitgebundenen Bezüge

---

[67] Vgl. allgemein Ruth Felgentreff, Das Diakoniewerk Kaiserswerth 1836-1998, Kaiserswerth 1998.

[68] Der exakte Titel lautet: Grüße des Kaiserswerther Mutterhauses an seine Schwestern; die Publikation erschien seit 1901.

[69] Vgl. dazu z.B. Schwesternbrief der Henriettenstiftung Hannover vom 4.12.1944: der Vorsteher Pfarrer Meyer berichtet: „Meine Frau und ich und ebenso meine Schwiegertochter danken sehr herzlich für all die Worte der Teilnahme und für die Versicherung fürbittenden Gedenkens, die uns aus Anlass des Todes unseres lieben ältesten Jungen gesagt sind. Wir haben immer noch keine endgültige Nachricht. Viele unserer Schwestern haben in ihrem Familienkreise dieselbe Not zu tragen und manche noch größere Not. Lasst uns in unserer täglichen Fürbitte aller trauernden, wartenden, einsam gewordenen Menschen gedenken! Treulich aber wollen wir unsere Pflicht an der Stelle tun, an die uns Gott gestellt hat. Wir wollen fester im Glauben werden und tüchtiger im Dienst. Wir wollen uns der Ewigkeit unseres Gottes getrösten."; vgl. auch Anm. 31.

[70] Grüße 1944, 22f. 29f.

verzichtet wurde, dienten diese geistlichen Zurüstungen primär der Stärkung der Diakonissen im Weltanschauungskampf. Forciert wurde diese Arbeit besonders vom Vorsteher Siegfried Graf Lüttichau.

Die „Kaiserswerther Schwesterngrüße" bemühen sich, in der gesamten Kriegszeit ein Stück Normalität widerzuspiegeln. So war man stolz, bis 1944, obwohl man doch seit 1943 ein „Leben an der Front"[71] führte, ohne Unterbrechung den Betrieb immer weiter aufrecht zu erhalten, und zwar ohne ideologische Einschränkungen. Dabei bezog man sich ausdrücklich auf das innere Leben der Schwesterngemeinschaft, denn für das Werk insgesamt hatte es vielfältige Einschränkungen und Bedrohungen gegeben. Genannt seien nur die Einrichtung der Lazarette – letztendlich war das große Gelände der Nervenklinik (Heilanstalt) Lazarett – sowie die Schließung aller Schulen 1941.[72] Doch der Rhythmus der Schwesternschaft, mit Schwesterntagen, Rüstzeiten etc. konnte aufrecht erhalten werden, bis hin zu Einsegnungsfeier von 18 Jungschwestern 1944.[73]

Für die Diakonissenanstalt einschneidend wurde das Jahr 1942, als die beiden judenchristlichen Mitschwestern Johanne und Erna Aufricht nach Theresienstadt deportiert wurden; Graf Lüttichau und die Vorsteherin Karin von Ruckteschell empfanden dies als persönliche Niederlage, für die Schwesternschaft war dies eine traumatisches Ereignis.[74] Trotz dieser negativen und schweren Erfahrungen – die auch bei den Beteiligten ein Ohnmachtsgefühl herstellte – reihte man sich bereitwillig in die Kriegsfront ein, die neben Drangsal und Verfolgung auch Anerkennung und Arbeit brachte.[75] Bis 1945 stand diese Heimatfront in den Diakonissenhäusern fest, jeder Angriff wurde als Terrorangriff empfunden, jede Kriegsniederlage als eine Niederlage des deutschen

---

[71] Grüße 1943, 36.

[72] Vgl. Felgentreff, Diakoniewerk, 160; viele Informationen finden sich in den Schwesterngrüßen.

[73] Vgl. dazu den plastischen Bericht in Grüße 1944, 35f.

[74] Vgl. dazu Ruth Felgentreff, „Ist verpflichtet den Judenstern zu tragen." Eine Dokumentation über Johanne und Erna Aufricht. Kaiserswerth, Theresienstadt, Auschwitz, Kaiserswerth ²2003.

[75] Vgl. z.B. den Hinweis auf den Beginn der Normandie-Invasion in den Grüßen vom Juli 1944: „Seit in den ersten Tagen dieses Monats der Beginn der langerwarteten Invasion in Nordfrankreich gemeldet wurde und dann 10 Tage später die Tätigkeit unserer neuen Waffe in Südengland einsetzte, lebt jeder Deutsche in einer Spannung wie zu Beginn des Krieges. Wir Christen alle werden uns wieder neu zu anhaltendem Gebet gerufen fühlen.", Grüße 1944, 59.

Volkes. Zugleich sah man mehr und mehr in den Kriegszerstörungen, über die man durch die weit verstreut arbeitenden Schwestern einen guten Überblick hatte,[76] eine Prüfung Gottes zu erblicken.[77] Dabei wurden die Schwestern ausdrücklich verpflichtet, bei den Häusern und Einrichtungen zu bleiben und die Kranken und Hilfsbedürftigen weiter zu versorgen.[78] In einem 1947 erschienenen Jahresbericht werden die Jahre des Krieges und das Kriegsende noch einmal zusammenfassend beschrieben.[79] In dem wahrscheinlich von Graf Lüttichau verfassten Text wird die Stimmungslage zum Kriegsende deutlich. Zum einen hatte man nach eigener Aussage (1947!) im Frühjahr 1945 nicht mit dem bevorstehenden Kriegsende gerechnet („Noch ahnten wir nicht, daß das Ende der Kriegshandlungen so nahe bevorstand."[80]), hatte man doch im Februar vier Schwestern nach Berlin zur Wiederaufnahme der Arbeit geschickt. Zum anderen empfand man die Kriegsniederlage und die Besetzung nach einem langen und heftigen Kampf am Rhein gerade nicht als Befreiung, sondern als Niederlage: *„Am Morgen des 18. (April) fuhren die ersten amerikanischen Panzer durch unser kleines mitgenommenes Städtchen. Daß dichter Nebel uns in unserer großen Traurigkeit umhüllte, empfanden wir als einen trostreichen Gegenwartsbeweis unseres Herrn, der uns die tiefe Demütigung nicht ersparen konnte, aber uns nicht verließ."*[81] Insgesamt 16 Kaiserswerther Schwestern sind durch die Kriegshandlungen getötet geworden[82], insgesamt kamen nach eigenen Angaben 477 Schwestern ums Leben.[83]

---

[76] Nahezu alle Nummern der Grüße bringen Auflistungen der Kriegszerstörungen in den Arbeitsgebieten.

[77] Vgl. dazu das folgende Zitat von Graf Lüttichau vom Oktober 1944: „Wohl noch nie ist uns ein Mutterhausbericht so schwer geworden wie heute. In dem zu Ende gehenden Monat hat Gott uns, unsere Mutterhausgemeinschaft so ernst heimgesucht, daß auch den Tapfersten unter uns das Herz zitterte. Wie viele schmerzliche Nachrichten mußten wir inzwischen hinausgehen lassen. Ehe wir zusammenfassend berichten, können wir aber doch nicht anders als immer wieder danken, danken dafür, daß uns – alle besonders Betroffenen haben es uns bezeugt! – die lebendige helfende Nähe unseres Gottes auf Schritt und Tritt spürbar gewesen ist, und wir allen höllischen Gewalten zum Trotz wissen durften: Es ist der Herr!", Grüße 1944, 106.

[78] A.a.O., 99.

[79] Die Taube von Kaiserswerth 81. 1947.

[80] A.a.O., 4.

[81] A.a.O., 5.

[82] A.a.O., 7.

[83] Bericht Kaiserswerther Verband, 9.

Dass die am Kaiserswerther Beispiel skizzierte Einstellung zu Krieg und Kriegsniederlage kein Einzelfall war, macht beispielsweise ein Schreiben der Oberin des Diakonissenhauses Friedenswarte in Bad Ems[84], einem unzerstörten Haus, vom Juli 1945 deutlich. Das Mutterhaus hatte nach Aussage der Festschrift zum 100-jährigen Jubiläum „das Ende des Krieges … verhältnismäßig ruhig erlebt". Die Oberin schrieb an den Vorsitzenden des Kaiserswerther Verbandes Graf von Lüttichau und kondolierte ihm zum Tod eines Sohnes, der im Krieg gefallen war: *„Und nun sind wir im armen Vaterland so weit, dass wir fast für Jeden der Unsern Gott danken möchten, den ER in seiner Voraussicht gnädig behütete vor der furchtbaren Not, die über unsere gefangenen Männer u. geängstigten Frauen gekommen ist."*[85]

Neben solchen Zitaten, die ein Gefühl der Niederlage beschreiben und eine Aussichtslosigkeit signalisieren, finden sich allerdings auch nachdenklichere Stimmen: Dafür soll ein Zitat aus dem Antwortschreiben Siegfried Graf Lüttichaus stehen: *„… wir dürfen in allen unseren Häusern unsere Arbeit fortsetzen und haben unendlich viel zu tun, ohne von irgend einer Seite an der Erfüllung unseres Auftrages gehindert zu werden. Im Gegenteil, wir erfahren auch manch wertvolle Unterstützung. Neue Pforten öffnen sich und was uns das wichtigste ist: der unglückselige Kirchenstreit ist durch Gottes Gnade vorüber und wir haben eine Kirchenleitung, die mit ihrer Treue zum Evangelium und zu den Bekenntnissen der Kirche ernst macht."*[86]

Zusammenfassung

Der Krieg hatte die Schwierigkeiten mit dem nationalsozialistischen Staat zurücktreten lassen, auch wenn es gerade unter den Bedingungen des Krieges partiell zu weitgehenden Eingriffen in die Autonomie der Mutterhäuser gekommen war (Beschlagnahmung von Häusern, Eutha-

---

[84] Vgl. dazu 100 Jahre. 1889-1989 Diakonissenhaus Friedenswarte Bad Ems, Bad Ems (1989).

[85] Oberin Klara von Bülow an Siegfried Graf von Lüttichau am 9.7.1945, Archiv FKSK, Bestand Kaiserswerther Verband, Schriftwechsel 1945-1948.

[86] Lüttichau an Oberin Klara von Bülow, Diakonissenmutterhaus „Friedenswarte" Bad Ems am 11. Juli 1945.

nasieaktionen). Die Bevorzugung der NS-Schwesternschaften wurde noch immer als eine Zurücksetzung der Schwestern der Diakonissengemeinschaft empfunden; andererseits führte aber der Krieg, die Erfolge der ersten Jahre und dann die gemeinsamen Erfahrungen des Bombenkriegs zu einer Solidarisierung, zu einem engen Zusammenrücken des Volkes.

Dazu trat die religiöse Grundierung, die ein Aufbegehren kaum möglich machte.[87] Die Orientierung an der Obrigkeit mit theologischen Kriterien ist eine Figur, die sich auch in anderen Schwesterngemeinschaften findet.[88]

Man kann am Beispiel der Frauendiakonie verschiedene Kontinuitätslinien aufzeigen, die den Verbandsprotestantismus prägten. Da ist zunächst eine hohe und bedeutsame Personalkontinuität. Gerade auf der Vorsteherebene blieben viele Führungsfiguren über die Zeit des Nationalsozialismus hinaus im Amt. Das Verbleiben im Amt wurde in vielen Einrichtungen sicher durch die kirchenpolitische Abstinenz der Führungsfiguren erleichtert und gefördert. Umgekehrt gilt auch, dass Personalwechsel und Leitungskrisen z.T. auch mit dem einer Politisierung der Vorsteher zusammenhängt.[89] Nach 1945 wurde aus Kontinuität häufig auch Beharrung.

Dazu tritt eine Strukturkontinuität, dies gilt besonders für den Bereich der Frauendiakonie. Die einzelnen Einrichtungen konnten in der Regel den Kern der Arbeit und ihren eigenen Bestand sichern. Dies gilt auch für den Kaiserswerther Verband, auch wenn es in der Kriegszeit offenbar immer wieder mal Überlegungen gab, den Verband aufzulösen. Doch er erwies sich gerade in den Verwerfungen des Krieges als ein nützliches Instrument zur Vertretung der Interessen der Mutterhausdiakonie.

---

[87] Vgl. dazu auch eine Äußerung der Vorsteherin Karin von Ruckteschell: „Das Leben inmitten der kämpfenden Front bestimmt zur Zeit unsere Lebensweise. Am 13. März (1945) wurde die totale Räumung angeordnet. Das war einer der schwersten Tage für unser Mutterhaus, denn für uns gibt es ja keine andere Möglichkeit als die des Gehorsams gegen die Obrigkeit." Grüße 1945, 36.

[88] Vgl. dazu z.B., Liselotte Katscher, Krankenpflege und Zweiter Weltkrieg. Der Weg der Schwesternschaft des Evangelischen Diakonievereins 1939-1944, Stuttgart 1992.

[89] Dies gilt beispielsweise für das Westfälische Diakonissenhaus in Münster, vgl. dazu Claudia Bendick, Das Diakonissenmutterhaus Münster 1914-1955 (Beiträge zur westfälischen Kirchengeschichte, 30, Bielefeld 2006.

Schließlich kann man – dies ist in den Ausführungen nur angedeutet worden – eine Kontinuität der Mentalitäten feststellen.

Schaut man z.B. auf andere Vereine und Verbände, so ist ähnliches feststellbar. So löste der Zweite Weltkrieg beim Evangelischen Bund auch neue Hoffnungen auf eine engere Verbindung von Kirche und Staat aus, eine Hoffnung, die zwar faktisch betrogen wurde, die aber zu einer größeren Loyalität mit dem Staat führte, auch wenn der Krieg faktisch v.a. eine Einschränkung und Zerstörung der Arbeit brachte.[90] Eine ähnliche Tendenz ist beim Gustav-Adolf-Verein feststellbar.[91]

Die erhoffte Renaissance des Verbandsprotestantismus konnte unter diesen Umständen nach 1945 kaum mehr gelingen, neue Impulse kamen nun verstärkt aus der Kirche. Das Überleben des Verbandsprotestantismus wurde aber gesichert einmal durch das Bemühen um eine Bestandserhaltung der Einrichtungen und – dies wohl primär – durch die Arbeit. Der Einsatz der Diakonissen in der Krankenpflege und im Lazarettdienst war für die Mutterhausdiakonie das entscheidende Element für die Sicherung der Einrichtung. Zugleich erfüllten sich die mit dem Krieg aufkommenden Hoffnungen, die Krise der Mutterhausdiakonie durch die Rekrutierung neuer Frauen für die Arbeit zu überwinden, nicht. Der Krieg brachte keine nachhaltige Re-Christianisierung der Gesellschaft.

---

[90] Vgl. dazu den Überblick bei Walter Fleischmann-Bisten/Heiner Grote, Protestanten auf dem Weg. Geschichte des Evangelischen Bundes, Göttingen 1986, 156-163.

[91] Vgl. dazu als Überblick Norbert Friedrich, Der Gustav-Adolf-Verein in der Zeit des Nationalsozialismus – eine Skizze, in: Norbert Friedrich/Traugott Jähnichen (Hgg.), Sozialer Protestantismus im Nationalsozialismus. Diakonische und christlich-soziale Verbände unter der Herrschaft des Nationalsozialismus, Münster 2003, 55-67.

Traugott Jähnichen

Schuldverstrickungen. Zum Umgang mit Schuld im deutschen Protestantismus nach 1945

Einleitung

Die Frage, ob und wie die während der NS-Zeit und insbesondere im Zweiten Weltkrieg von Deutschen und im Namen Deutschlands begangene Schuld nach 1945 öffentlich thematisiert und bekannt werden sollte, war heftig umstritten. Allein die Evangelische Kirche in Deutschland hat unter dem „sanften Druck" von Vertretern der protestantischen Ökumene ein Schuldbekenntnis abgelegt, wenngleich in einer recht allgemeinen Form. Auch die Kommunikation und Interpretation dieses Schuldbekenntnisses blieben kontrovers, nur eine Minderheit von Theologen und engagierten Laien hat versucht, die Frage des Bekenntnisses und der Bewältigung der Schuld im kirchlichen und im öffentlichen Bewusstsein wachzuhalten. Neben der öffentlichen Thematisierung der Schuld stand die Evangelische Kirche zudem vor der Herausforderung, im Rahmen einer sogenannten „Selbstreinigung" mit disziplinarischen Maßnahmen gegen DC-Pfarrer, andere DC-Kirchenvertreter sowie im Bereich von NS-Organisationen aktiven Mitarbeitenden vorzugehen und sich an Entnazifizierungsverfahren zu beteiligen. Dieses komplexe Feld des kirchlichen Umgangs mit den Schuldverstrickungen der NS-Zeit wird in diesem Beitrag rekonstruiert und in seiner Bedeutung für den Umgang mit Schuld durch die Evangelische Kirche diskutiert.

Theologische Reaktionen auf den Zivilisationsbruch der NS-Gewaltverbrechen vor dem Ende des Zweiten Weltkriegs

Auf das in Deutschland geschehene Unrecht insbesondere gegenüber Juden, aber auch gegenüber weiteren Bevölkerungsgruppen, die aus politischen oder anderen Gründen verfolgt wurden, hat die Evangelische

Kirche im Ganzen nur teilweise und unzureichend reagiert. Immerhin ist an einzelne Kanzelabkündigungen und an eine im Jahr 1936 persönlich von Vertretern der zweiten vorläufigen Kirchenleitung der Bekennenden Kirche in der Reichskanzlei abgegebene Denkschrift zu erinnern, in denen Kritik an Maßnahmen des NS-Staates, welche den Charakter Deutschlands als eines Rechtsstaates in Frage stellten, geäußert worden ist.

Die deutlichste und klarste Aussage einer evangelischen Kirchenleitung zum Unrecht des NS-Staates wurde relativ spät, im Oktober 1943 durch die Bekenntnissynode der Evangelischen Kirche der altpreußischen Union in Breslau geäußert. Dort wird die unbedingte Geltung des fünften Gebots – insbesondere im Blick auf die Mordaktionen gegen das jüdische Volk – mit deutlichen Worten eingeschärft: „Begriffe wie ‚ausmerzen‘, ‚liquidieren‘ und ‚unwertes Leben‘ kennt die göttliche Ordnung nicht. Vernichtung von Menschen, lediglich weil sie Angehörige eines Verbrechers, alt oder geisteskrank sind oder einer anderen Rasse angehören, ist keine Führung des Schwertes, das der Obrigkeit von Gott gegeben ist … Das Leben aller Menschen gehört Gott allein. Es ist ihm heilig, auch das Leben des Volkes Israel." Explizit werden in diesem Dokument die Tötungsaktionen gegen kranke, behinderte und sozial abweichende Menschen sowie insbesondere die Ermordung der europäischen Juden als Widerspruch gegen das fünfte Gebot und als eine dramatische Verletzung einer angemessenen obrigkeitlichen Ordnung kritisiert. Hinweise auf das Vorgehen der Wehrmacht in der Sowjetunion werden mit dem Begriff „liquidieren" indirekt, jedoch nicht explizit benannt. Allerdings ist dieses Wort der Bekenntnissynode lediglich in einigen kirchlichen Gemeinden bekanntgemacht worden, eine breitere Öffentlichkeit zu informieren – etwa durch eine Verbreitung dieses Wortes in der kirchlichen Presse – war aufgrund der Einschränkungen in der Kriegszeit nicht möglich.

Noch früher und ebenso deutlich benannte Dietrich Bonhoeffer die Schuldverstrickungen insbesondere der Kirche, ohne bereits alle widerrechtlichen Gewaltmaßnahmen des NS-Regimes kennen zu können.

So verfasste er vermutlich bereits im Herbst oder Winter 1940 den Entwurf eines kirchlichen Schuldbekenntnisses für die Zeit nach dem Krieg. Diese Stellungnahme orientierte sich an den zehn Geboten und Bonhoeffer stellte im Blick auf jedes einzelne Gebot pointiert heraus, dass und inwiefern die Kirche in der Verkündigung des einen Gottes, „der sich in Jesus Christus ... offenbart hat", versagt hat. In diesem Rahmen bezog sich Bonhoeffer auch auf das fünfte Gebot und stellte das Versagen der Kirche deutlich heraus: „Die Kirche bekennt, die willkürliche Anwendung brutaler Gewalt, das leibliche und seelische Leiden unzähliger Unschuldiger, Unterdrückung, Hass, Mord gesehen zu haben, ohne ihre Stimme zu erheben, ohne Wege gefunden zu haben, ihnen zur Hilfe zu eilen. Sie ist schuldig geworden am Leben der schwächsten und wehrlosesten Brüder Jesu Christi." Bonhoeffer sprach hier deutlich die Ermordung von Kranken und die Verfolgung der Juden an, ohne dass das systematische Durchführen einer industriell organisierten Ermordung von Menschen durch Vernichtungslager bereits begonnen hatte. Vor dem Hintergrund des Schweigens der Kirche angesichts der Ereignisse der Reichspogromnacht und anderer Gewaltmaßnahmen betonte er nachdrücklich die massiven Verletzungen des fünften Gebotes und sah für die Kirche nur die Möglichkeit, „sich schuldig aller 10 Gebote" zu bekennen und „darin ihren Abfall von Christus" öffentlich auszusprechen.

Angesichts dieser beiden Stellungnahmen wird deutlich, dass zumindest die der Bekennenden Kirche nahestehende Teile des deutschen Protestantismus bereits vor Kriegsende sehr eindringlich die vielfältigen Rechtsbrüche und Gewaltmaßnahmen des NS-Regimes wahrgenommen und kritisiert haben. Ob und inwiefern auch die Kirche im Rahmen von Verstrickungen in die deutsche Schuld mitschuldig geworden ist, wie es Dietrich Bonhoeffer klar zum Ausdruck gebracht hat, blieb demgegenüber umstritten, wie es die späteren Auseinandersetzungen um das Stuttgarter Schuldbekenntnis deutlich machen.

Kontroversen um das „Stuttgarter Schuldbekenntnis"

Unter dem Eindruck der sich seit spätestens Ende 1942 abzeichnenden Kriegsniederlage Deutschlands begann sich auch die innerkirchliche Situation der Evangelischen Kirche nach und nach zu verändern. Die tiefen Spaltungen des Protestantismus in unterschiedliche deutsch-christliche Richtungen, eine sogenannte neutrale Mitte, relativ „intakte" Landeskirchen und die Bekennende Kirche wurden durch die Initiative des württembergischen Bischofs Wurm mit den seit 1944 ins Werk gesetzten Versuchen, durch ein kirchliches Einigungswerk die Wiederherstellung einer einheitlichen evangelischen Kirchenstruktur zu schaffen, relativ schnell überwunden. Bereits im August 1945 kam es zu einer größeren Kirchenversammlung im hessischen Treysa, in der sowohl die grundlegenden organisatorischen und diakonischen Fragen, aber auch die theologische Problematik der Situation Deutschlands im Jahr 1945 debattiert wurden. Es war insbesondere der nach langjähriger Haft befreite Martin Niemöller, der bereits in Treysa deutlich ein kirchliches Schuldbekenntnis verlangte, was allerdings angesichts der Umstrittenheit der Thematik und der Vielzahl von zu behandelnden Fragen zunächst „vertagt" wurde. Im Rahmen der zweiten regulären Sitzung des in Treysa gebildeten Rates der Evangelischen Kirche in Deutschland, der als oberstes Gremium die nunmehr wieder einheitlich organisierte Evangelischen Kirche leitete, war die Abfassung eines kirchlichen Schuldbekenntnisses ursprünglich nicht geplant. Als allerdings eine ökumenische Delegation ihren Besuch dieser Tagung in Stuttgart ankündigte und den deutschen Kirchenvertretern recht deutlich die Erwartungen der Delegation im Blick auf die Abfassung eines Schuldbekenntnisses kommuniziert wurden, kam es aufgrund dieser Situation zur Erweiterung der Tagesordnung in Stuttgart durch den Tagesordnungspunkt „Schuld der Deutschen Evangelischen Kirche".

In der schließlich verabschiedeten Stuttgarter Schulderklärung wurde eindrücklich die Notwendigkeit eines kirchlichen Neuanfangs und einer Neuordnung betont, wobei insbesondere eine Reinigung der Evangelischen Kirche von den „glaubensfremden Einflüssen" – offenkundig charakterisierte man auf diese Weise den dramatischen Einbruch völkischer und deutsch-christlicher Vorstellungen in die Evangelische Kirche – als dringend notwendig hervorgehoben wurde. Die Kernsätze der Erklärung drücken den Dank für die ökumenische Gemeinschaft mit der weltweiten Christenheit aus und versuchen einen Bezug zur Situation in Deutschland herzustellen: „Wir sind für diesen Besuch umso dankbarer, als wir uns mit unserem Volk nicht nur in einer großen Gemeinschaft der Leiden wissen, sondern auch in einer Solidarität der Schuld." Die Situation in Deutschland wurde angesichts der desolaten Lebensumstände der Bevölkerung unmittelbar nach dem Krieg als „Gemeinschaft der Leiden" umschrieben, neben die ebenso deutlich eine „Solidarität der Schuld" gestellt wurde. Mit Hilfe der Formulierung „Solidarität der Schuld" sollte zum Ausdruck gebracht werden, dass sich die Evangelische Kirche gerade auch in der tiefen Schuld des deutschen Volkes mit diesem solidarisch weiß und bereit ist, diese Schuld mit zu tragen und sich einer entsprechenden Verantwortung zu stellen. Dies wurde schließlich durch die zentrale Aussage der Erklärung unterstrichen: „Mit großem Schmerz sagen wir: Durch uns ist unendliches Leid über viele Völker und Länder gebracht worden." Mit den Worten „durch uns" ist die Schuld der Deutschen klar benannt worden, von der sich auch die Kirche im Sinn des Verständnisses einer Solidarität der Schuld nicht ausschließen wollte. Der Begriff „unendliches Leid" bringt durchaus prägnant die Gewalt- und Mordtaten Deutschlands gegenüber vielen Völkern und Ländern zum Ausdruck, allerdings unterbleiben hier alle Arten der Konkretion etwa im Blick auf bestimmte Kriegsverbrechen oder insbesondere hinsichtlich der geplanten und weitgehend exekutierten Vernichtung des europäischen Judentums.

Das unmittelbare Versagen der Kirche wurde demgegenüber in einer wenig prägnanten Formulierung ausgedrückt, die einerseits von einer begrenzten Resistenz gesprochen und andererseits vom eigenen Versagen der Kirche zusagen gewusst hat: „Wohl haben wir lange Jahre hindurch im Namen Jesu Christi gegen den Geist gekämpft der im nationalsozialistischen Gewaltregiment seinen furchtbaren Ausdruck gefunden hat; aber wir klagen uns an, dass wir nicht mutiger bekannt, nicht treuer gebetet, nicht fröhlicher geglaubt und nicht brennender geliebt haben." Die Situation der Evangelischen Kirche in der Zeit des Nationalsozialismus ist hier im Sinn eines Geisteskampfes verstanden worden, der sich allerdings nicht nur auf das konkrete Gewalthandeln des NS-Regimes bezog, sondern – im Sinn einer Vielzahl von Zeitdeutungen nach 1945 – als eine Grundhaltung der Moderne insgesamt verstanden wurde. Der Nationalsozialismus ist hier offenkundig als eine besonders furchtbare antichristliche Strömung der Moderne begriffen worden, neben der auch andere Strömungen zu bekämpfen gewesen sind. Angesichts der recht pauschalen Aussage, dass die Evangelische Kirche gegen diesen Geist entschieden gekämpft habe, sind sicherlich einige Bedenken anzumelden, da es neben solcher entschiedenen Kritik von einzelnen Theologen und vor allem von den Bekenntnissynoden in weiteren Bereichen der Evangelischen Kirche durchaus ein hohes Maß an Anpassung bis hin zu eindeutiger Zustimmung zum NS-Regime gegeben hat. Insofern hätte dieses Versagen im Sinn einer selbstkritischen Auseinandersetzung mit der eigenen Rolle in der NS-Zeit deutlicher benannt werden müssen.

Die Schuld der Kirche ist demgegenüber durch eine Reihe von Komparativen benannt worden, die jedoch jede Konkretion vermissen lassen. Im Unterschied etwa zu dem von Bonhoeffer vorformulierten Schuldbekenntnis sind hier nur allgemeine Selbstanklagen, die praktisch in jedem kirchlichen Schuldbekenntnis ihren Ort finden könnten, genannt, ohne dass auf konkrete Versäumnisse der Kirche in der NS-Zeit eingegangen wurde. Trotz der genannten Schwächen der Erklärung bleibt festzuhalten, dass die Evangelische Kirche in Deutschland als einzige Großorganisation in jener Zeit überhaupt ein Schuldbekenntnis angesichts dessen, was im deutschen Namen zwischen 1933 und 1945 an Verbrechen verübt wurden, ausgesprochen hat. Dabei wird immerhin auch an eigenes Versagen erinnert, was sich im Blick auf andere Großorganisationen ebenfalls nicht sagen lässt.

Die weitere Diskussion der Schulderklärung zeigt jedoch die bereits im Text selbst angelegten Ambivalenzen erneut auf. In einem Bericht des „Religious Affairs Branch" der Alliierten wird deutlich herausgesellt, dass die offiziellen Führer der Evangelischen Kirche offensichtlich geplant hatten, dass die Stuttgarter Schulderklärung nicht öffentlich publiziert werden und insofern auch nicht Gegenstand weiterer Debatten sein sollte. Diese Einschätzung wird durchaus von einzelnen Bischöfen unterstrichen, wenn etwa der Hannoveraner Bischof Lilje im November 1945 erklärte, dass die Stuttgarter Erklärung „niemals für die Öffentlichkeit bestimmt gewesen" war, weil sie „keine politische, sondern eine kirchliche Erklärung" war. Demgegenüber haben die Alliierten in den von ihnen herausgegebenen Zeitungen an vielen Orten von dieser Erklärung berichtet, so etwa die „Ruhrzeitung", die unter der Überschrift „Gemeinsame Schuld für endlose Leiden". Evangelische Kirche zu Deutschlands Kriegsschuld" die Erklärung in weiten Passagen zitierte und damit einer breiteren Öffentlichkeit bekannt machte. Auch andere regionale Zeitungen haben über diesen Text berichtet. Problematisch ist allerdings die Unterüberschrift des Artikels in der „Ruhrzeitung", der explizit von Deutschlands Kriegsschuld spricht, was in dem Text zwar angelegt ist, vor dem Hintergrund der Erfahrungen der Deutschen mit der Zuschreibung von Kriegsschuld nach dem Ersten Weltkrieg jedoch in höchster Weise problematisch war.

Auch die kirchliche Presse berichtete nach und nach über die Erklärung, so der Nachrichtendienst der Evangelischen Kirche von Westfalen, der allerdings zunächst ohne weitere Details nur über die Übergabe einer Erklärung an die Ökumene informiert hatte. Immerhin wurden in diesem Nachrichtendienst erste konkrete Informationen über die Ermordung der Juden genannt, indem Deutschland auf das „Unrecht, das wegen der Nichtarier auf uns liegt", explizit hingewiesen und die Zahl von 5,7 Mio. ermordeter Juden und Jüdinnen angegeben wurde.

Vor dem Hintergrund dieser im Blick auf die Öffentlichkeitswirkung der Erklärung komplizierten Gemengelage forderte der Dortmunder Pfarrer Karl Lücking in einem Brief vom 27.10.1945 an Pastor Wilhelm Niemöller eine „bessere Nachrichtenversorgung unserer Gemeinden", weil „die Sache" – gemeint ist die Stuttgarter Erklärung – „sehr wichtig" ist. Lücking trat für eine echte Gerichtspredigt und ein klares Schuldbekenntnis der Evangelischen Kirche ein, was er offensichtlich durch die Stuttgarter Schulderklärung nicht abgedeckt sah. Dass allerdings die Deutung und der weitere Umgang mit der Stuttgarter Schulderklärung sehr umstritten waren, zeigen nicht nur der Streit um deren Öffentlichkeitsrelevanz, sondern auch die Diskussionen um die Frage, wie das Verständnis dieser Schulderklärung theologisch zu verstehen sei. Hans Asmussen, wesentlich an der Konstituierung der Bekennenden Kirche 1934 und als Ratsmitglied an der Abfassung der Stuttgarter Schulderklärung ebenfalls beteiligt, plädierte für ein priesterliches Verständnis des Schuldbekenntnisses, wie es seiner Meinung nach insbesondere die Formulierung „Solidarität der Schuld" zum Ausdruck bringt. „Wir verteidigen die Parteiführer und Parteigefolgsleute nicht. Wir widersetzen uns nicht, wenn die dem Richter zugeführt werden. Aber wir verleugnen nicht, dass sie unsere Brüder sind. Wir schämen uns ihres Tuns, aber wir schämen uns nicht, sie Brüder zu heißen. Denn der Ruf Christi geht dahin, dass wir Priester sein sollen." Diese Interpretation benennt einerseits die individuelle Schuld von Mitgliedern der NSDAP und betont die Notwendigkeit, dass ihre Vergehen rechtlich geahndet werden müssen. Andererseits versteht man sich nach wie vor in einer letztlich national begründeten Bruderschaft mit den Tätern, für deren Taten man sich schämt, sie aber nach wie vor als Teil der eigenen Gemeinschaft versteht. Asmussen geht es insbesondere darum, dass die Kirche stellvertretend die Schuld derjenigen, mit denen man sich als Mitglieder eines Volkes „brüderlich" verbunden weiß, vor Gott bekannt und getragen wird, ohne dass daraus politische Konsequenzen abgeleitet werden dürfen.

Weil Asmussen das Bekennen der Schuld strikt in diesem priesterlichen Sinn interpretierte, lehnte er eine öffentliche Debatte oder gar eine politische Relevanz der Schulderklärung ab. Demgegenüber betonte Karl Barth die Relevanz des christlichen Sündenbekenntnisses für die Anerkennung auch einer politischen Schuld, aus der sich seiner Meinung nach kein Deutscher herausreden kann, weil er „vergleichsweise schuldlos" sei. Bei Barth klingt im Horizont des Schuldbekenntnisses die Mitverstrickung und Mitverantwortung aller Deutschen angesichts der im deutschen Namen verübten Verbrechen deutlich an.

Die in dieser Debatte deutlich werdenden Differenzen im Verständnis, wie Schuld verstanden, bekannt und getragen werden kann, verweisen auf unterschiedliche Ebenen. In grundlegender Weise hat diesen Zusammenhang Karl Jaspers in seinem Essay „Die Schuldfrage" reflektiert, indem er angesichts des Schocks über die Verbrechen der NS-Zeit zwischen krimineller, politischer, moralischer und metaphysischer Schuld unterschied. Die kriminelle Schuld verstößt eindeutig gegen Gesetze, ist individuell zurechenbar und entsprechend juristisch zu ahnden. Die politische Schuld impliziert eine Mitverantwortung der gesamten Bevölkerung für das, was im eigenen Land geschehen ist bzw. geschieht, unabhängig davon, wie sich Einzelne konkret verhalten haben. Davon abzugrenzen sind einerseits die moralische Schuld, die vor der Instanz des eigenen Gewissens individuell und in der Regel jenseits strafrechtlicher Kategorien fungiert, und andererseits die metaphysische Schuld, die eine Mitverantwortung aller Menschen für alles Unrecht in der Welt angesichts einer gesamtmenschlichen Solidarität betont. Mit diesen Differenzierungen hat Jaspers in den Debatten der Nachkriegszeit die weit verbreitete Ablehnung jeder Mitverantwortung, sofern eine individuelle Tatbeteiligung fehlte, ebenso in Frage gestellt wie die formelhafte Rede von einer kollektiven Schuld der Deutschen, wie sie teilweise von den Alliierten vorgebracht wurde. Diese weiterführende Klärung der Ebenen, wie von Jaspers vorgeschlagen, ist in den innerkirchlichen Debatten nur unzureichend aufgenommen worden, die einzelnen Positionen lassen sich jedoch weitgehend in diesem Horizont angemessen interpretieren.

Mahnende Stimmen in der evangelischen Kirche gegen die Verdrängung der Schuld

Insgesamt gesehen hat die Stuttgarter Schulderklärung sowohl in der kirchlichen wie auch in der allgemeinen Öffentlichkeit seit 1946 nur noch eine untergeordnete Rolle gespielt. Es waren allerdings einzelne prominente Protestanten, die immer wieder mit Nachdruck in Reden und Predigten auf die Notwendigkeit eines öffentlichen Schuldanerkenntnisses der Deutschen als Voraussetzung eines wirklichen Neubeginns hingewiesen haben. Der prominenteste von ihnen war sicherlich Martin Niemöller, der bereits vor 1945 durch sein Buch „Vom U-Boot zur Kanzel" eine große Prominenz erlangte. Als Pfarrer in Berlin-Dahlem spielte er seit der Gründung des Pfarrernotbundes und in der entstehenden Bekennenden Kirche von vornherein eine bedeutende Rolle, obwohl er streng deutsch-national orientiert war und zeitweise auch die NSDAP gewählt hatte. Aufgrund seiner in einem halb öffentlichen Gespräch ausgesprochenen Mahnung an Hitler, dass die Kirche den Weg des deutschen Volkes weiterhin begleiten und nicht Adolf Hitlers Wirken überlassen würde, wurde er 1937 inhaftiert und hat die Zeit bis zum Kriegsende im Konzentrationslager Dachau verbringen müssen.

Nach 1945 gehörte er zu den entschiedensten Vertretern in der deutschen Öffentlichkeit für die Ablegung eines klaren Schuldbekenntnisses, wobei er jedoch den Begriff der Kollektivschuld in Frage stellte und stattdessen von einer Kollektivhaftung der Deutschen sprach: „Lasst uns unsere Häupter verhüllen und nicht gegen die kollektive Haftung anreden – es muss gebüßt werden." In besonderer Weise ging es ihm darum, deutlich zu machen, dass die eigentliche Schuld auf der Kirche liege, „denn sie allein wusste, dass der eingeschlagene Weg ins Verderben führte, und sie hat unser Volk nicht gewarnt, sie hat das geschehene Unrecht nicht aufgedeckt oder erst, wenn es zu spät war. Und hier trägt die Bekennende Kirche ein besonders großes Maß von Schuld; denn sie sah am klarsten, was vor sich ging und was sich entwickelte." Niemöller sah die Kirche grundlegend in der Rolle einer prophetischen Warnerin, diese Rolle hat sie jedoch in der Zeit des Nationalsozialismus nicht wahrgenommen. Weil die Kirche sehr genau um das Unrecht, das in Deutschland ausgeübt wurde, wusste und geschwiegen hat, ist sie in einem besonderen Maße schuldig geworden, weil sie keine entsprechenden Mahnungen ausgesprochen hatte.

Diesen Vorwurf hat Martin Niemöller auch persönlich auf sich selbst bezogen, was seiner Argumentation eine hohe Authentizität und Glaubwürdigkeit verliehen hat. So stellte er sich selbstkritisch die Frage: „Wo warst du 1933 bis 1937, wo hier (in Dachau) Menschen verbrannt wurden?!" Niemöller warf sich selbst immer wieder sein eigenes Versagen vor, weil er lediglich für kirchliche Belange, nicht jedoch für die Wahrung des allgemeinen Rechts eingetreten war. So bekannte er in einer Predigt im Jahr: „Ich bin schuldig, weil ich 1933 noch Hitler gewählt habe, weil ich geschwiegen habe, als man … Scharen von aktiven Kommunisten ohne Prozess und Gerichtsverfahren verhaftete und einsperrte." Diese Vorwürfe konkretisierte er nicht zuletzt im Blick auf seine eigene Predigtpraxis, weil er in diesen Predigten Menschen, die von der nationalsozialistischen Bewegung und Ideologie fasziniert waren, nicht hinreichend vor den damit verbundenen Gefahren gewarnt habe. So könnte laut Niemöller ein damaliger Predigthörer ihm gegenüber zu Recht einwenden: „Ich habe dich predigen hören, du hast mich 1933 und 1934 vor nichts gewarnt … so bin ich in die Partei gegangen, … SS-Mann geworden." Weil Niemöller das Versagen nicht nur allgemein auf die Kirche, sondern auf sich persönlich und seine Predigtpraxis bezog, erhielten seine Appelle zum Bekennen der eigenen Schuld eine besondere Dringlichkeit und Glaubwürdigkeit, so dass er als mahnende Stimme gegen ein sich schnell beruhigendes Gewissen in der bundesdeutschen Nachkriegsöffentlichkeit bekannt und zugleich kritisiert und vereinzelt auch angefeindet wurde. Nichts desto trotz hat er mit seinem unermüdlichen Engagement dazu beigetragen, dass zumindest in Teilen der Evangelischen Kirche die Auseinandersetzung mit der Schuld während der NS-Zeit nicht völlig verdrängt und übergangen wurde, sondern wie ein Stachel im Fleisch stets als mahnendes Erinnern präsent gehalten und im Blick auf weitere Worte konkretisiert werden konnte.

Eine ähnliche, wenngleich deutlich weniger prominente Rolle spielte der Bochumer Pfarrer Paul Bischoff aus Bochum-Hamme, der bereits als Berichterstatter zu einem entsprechenden Tagesordnungspunkt während der ersten Bochumer Kreissynode nach dem Zweiten Weltkrieg im Juli 1945 unter dem Motto „Ein besonderes Wort zur Stunde" – ähnlich wie Niemöller, den er in Treysa auf der sog. Kirchenführerkonferenz mit Nachdruck unterstützte – zum Ausdruck brachte: Das deutsche Volk ist in ein „abgrundtiefes äußeres und inneres Elend gerissen", ohne dass es „über Wesen, Ursachen und Tiefe dieses Elends"

Bescheid weiß. Nach Bischoff müsste es darum gehen, die begangene Schuld bedingungslos anzuerkennen und so, wie man die Schutthaufen in den Städten nach und nach beseitigte, nunmehr auch den Schutthaufen zusammengebrochener menschlicher Lügen, Träume, Ideale Illusionen und Vorurteile, wie sie der Nationalsozialismus hinterlassen hat, aufzuarbeiten hätte. In diesem Sinn forderte Bischoff ein gemeinsames Wort der evangelischen und der katholischen Kirche in Anrede an das deutsche Volk, um dieses in der äußeren wie inneren Notlage zu aktiver Buße zu verhelfen. Auch auf Grund seiner Interventionen stimmte die Bochumer Kreissynode im März 1946 der Stuttgarter Schulderklärung zu und sprach würdigend davon, dass sich die Kirche auf diese Weise ihrer „politischen Verantwortung" gestellt habe. Damit wurde, anders als in der Interpretation von Asmussen, durchaus die politische Relevanz von „Stuttgart" in der Bochumer Synode benannt.

In ähnlicher Weise haben auch die westfälische und die rheinische Provinzialsynode dem Rat der EKD für die Stuttgarter Erklärung gedankt und die eigenen Schuldverstrickungen jener Zeit herausgestellt. Besonders intensiv wurde diese Thematik schließlich in der Dortmunder Kreissynode debattiert, wo Fritz Heuner, Superintendent der Dortmunder Bekenntnissynode während der NS-Zeit und später Superintendent der Kreissynode, sich in besonderer Weise für eine eigenständige Bearbeitung und entsprechende Stellungnahmen der Stuttgarter Schulderklärung in den Dortmunder Gemeinden einsetzte.

Heuner bat alle Dortmunder Presbyterien, eine eigenständige Stellungnahme zur Stuttgarter Schulderklärung an die Kreissynode zu senden. Von den 31 Stellungnahmen stimmten 18 Presbyterien ohne Einschränkungen der Stuttgarter Schulderklärung zu, nur eine Kirchengemeinde, die in Dortmund-Dorstfeld, lehnte die Stuttgarter Schulderklärung ab, andere Presbyterien äußerten einzelne Bedenken. Die ablehnende Stimme aus Dorstfeld hielt „Stuttgart" aufgrund einer zu allgemeinen Benennung der deutschen Schuld für problematisch und bedauerte vor allem eine mögliche politische Interpretation der Erklärung, die eine verhängnisvolle Wirkung auf „alle vaterländisch-treuen Kreise" in der Kirche haben müsste. Ganz anders äußerte sich demgegenüber die Gemeinde in Dortmund-Bodelschwingh, die mit Nachdruck betonte, dass alle Deutschen in einer großen Solidarität der Schuld stehen, „aus der wir uns um Gottes, unseres Volkes und um unseren eigenen Heiles willen nicht herauslösen dürfen und können." Die Gemeinde in Dortmund-Mengede, während der NS-Zeit eine Hochburg der Deutschen Christen, äußerte sich dahingehend, dass man selbst im Blick auf mutiges Bekennen, treues Beten, fröhliches Glauben und brennendes Lieben gefehlt habe. Damit wird wortwörtlich die Stuttgarter Schulderklärung zitiert, allerdings bezog sich die Gemeinde durch das Benennen des eigenen Schuldig-Werdens explizit in dieses Schuldeingeständnis ein.

Insgesamt handelt es sich wohl um „ein singuläres Ereignis", dass alle Gemeinden einer Kreissynode sich intensiv mit der Stuttgarter Schulderklärung auseinandergesetzt haben. Auch wenn aus einzelnen Stellungnahmen durchaus traditionelle deutsch-nationale und konservative Haltungen durchklingen, ist die weitgehende Akzeptanz und Einsicht in die eigene Schuldverstrickungen während der NS-Zeit das dominante Motiv dieser Selbstklärungen, die wesentlich durch das diesbezügliche Engagement von Superintendent Heuner motiviert worden ist.

Dass eine explizite Erwähnung des Massenmordes an den Juden in Stuttgart gefehlt hatte und vor dem Hintergrund der immer deutlicher werdenden Gräueltaten notwendig war, wurde in verschiedenen kirchlichen Gremien nach 1945 immer wieder zum Ausdruck gebracht. Eine diesbezüglich klare Haltung hat die westfälische Synode bereits im Juli 1946 zum Ausdruck gebracht, indem die Notwendigkeit der Buße und die eigene Schuld auch im Blick auf die „Juden und andere Verfemte" ausgesprochen worden ist, gegen deren „Ausrottung … wir … nicht laut genug unsere Stimme erhoben" haben. Auch seitens anderer kirchlicher Synoden und Gremien ist die besondere Schwere der deutschen Schuld angesichts des Massenmordes an Juden zum Ausdruck gebracht worden, so dass sich schließlich die EKD-Synode im Jahr 1950 explizit dieser Verantwortung gestellt hat. Vor dem Hintergrund neuer Anzeichen von Antisemitismus in der deutschen Bevölkerung äußerte sich die Synode sehr eindeutig und ging darüber hinaus auf die bleibende Verheißung Gottes für Israel und die eigene Schuld ein: „Wir glauben, dass Gottes Verheißung über dem von ihm erwählten Volk Israel auch nach der Kreuzigung Jesu Christi in Kraft geblieben ist. Wir sprechen es aus, dass wir durch Unterlassen und Schweigen vor dem Gott der Barmherzigkeit mitschuldig geworden sind an dem Frevel, der durch Menschen unseres Volkes an den Juden begangen worden ist. … Wir bitten alle Christen, sich von jedem Antisemitismus loszusagen und ihn, wo er sich neu regt, mit Ernst zu widerstehen und den Juden und den Judenchristen im brüderlichen Geist zu begegnen." Wegweisend ist im Blick auf diese Stellungnahme festzuhalten, dass die bleibende Erwählung Israels betont und jeder Antisemitismus grundsätzlich verworfen worden sind. Die eigene Schuld wird, ähnlich wie zuvor in dem Wort der westfälischen Synode, vor allem darin gesehen, durch Unterlassen und Schweigen mitschuldig geworden zu sein. Was hier fehlt ist die Einsicht in die Schuldverstrickungen der langen und wirkmächtigen Geschichte des theologischen Antijudaismus und zumindest bei Teilen der Evangelischen Kirche auch eine Tradition des Antisemitismus, die mit zu den historischen Voraussetzungen des nationalsozialistischen Antisemitismus zu zählen sind. Erst die entsprechende Synodalerklärung der Evangelischen Kirche im Rheinland aus dem Jahre 1980 hat diese problematische Tradition als „Schuld" von Kirchen und Christen explizit bekannt.

Zur kirchlichen „Selbstreinigung" und der Mitwirkung kirchlicher Stellen an Entnazifizierungsverfahren

Ein wesentlicher Aspekt des Umgangs mit den Schuldverstrickungen der NS-Zeit bildete für die Evangelische Kirche schließlich die Frage, wie mit denjenigen Pfarrern und kirchlichen Mitarbeitenden sowie Gremienvertretern umgegangen werden sollte, die sich eindeutig für die Deutschen Christen engagiert und in dieser Art und Weise „glaubensfremde Einflüsse" – wie es in der Stuttgarter Schulderklärung heißt – in die Kirche hineingetragen haben. Die westfälische und die rheinische

Landeskirche konnten sich relativ schnell mit der britischen Militärregierung darauf einigen, eine Entnazifizierung der bei der Kirche angestellten Personen in eigener Verantwortung durchzuführen, d.h. eine sogenannte „Selbstreinigung" zu vollziehen. Bereits im Rahmen ihrer ersten Sitzung am 29.6.1945 beschloss die Kirchenleitung der westfälischen Kirche, dass mit dem Ziel der Wiederherstellung eines an Schrift und Bekenntnis gebundenen Pfarrerstandes „sämtliche westfälische Pfarrer der Thüringer Richtung ‚Deutsche Christen' von ihren pfarramtlichen Geschäften bis auf Weiteres zu beurlauben" sind. Einzelne Gemeinden empfanden diese Einschränkung allein auf Pfarrer der Thüringer DC-Richtung als zu eng und forderten, so die Kirchengemeinde Bochum-Weitmar, dass alle DC-Pfarrer „endgültig aus ihren Ämtern entfernt werden bei gleichzeitiger Sperrung der Gehälter bis zu dem Zeitpunkt, da die Provinzialsynode in dieser Angelegenheit ihre Beschlüsse gefasst" haben sollte. Auch die Bochumer Kreissynode unterstützte diesen Antrag. Die Kirchenleitung in Bielefeld fasste allerdings am 2.8.1945 mit einem Beschluss zur „Ordnung für das Verfahren bei Verletzung von Amtspflichten der Geistlichen" den Beschluss, alle betroffenen DC-Pfarrer nach ihren jeweiligen Motiven und konkreten Verhaltensweisen im Sinn von Einzelprüfungen vor einer dienstrechtlichen Entscheidung individuell zu befragen. Dementsprechend bildete die westfälische Kirche Entnazifizierungsausschüsse, je einen für kirchliche Mitarbeitende und einen für Pfarrer, vor denen sich die Betroffenen verantworten mussten. Je nach Schwere der Verfehlung sollten Entlassungen aus dem Kirchendienst, eine Entfernung aus dem Amt oder auch nur Versetzungen in andere Gemeinden erfolgen. Im Ergebnis kam es in den allermeisten Fällen zu Versetzungen. Dies wurde so begründet, wie der Herforder Superintendent Herrmann Kunst, gleichzeitig Personalreferent der Kirchenleitung, feststellte, dass mit diesen Versetzungen vielfach außerordentlich positive Erfahrungen gemacht werden könnten. Insbesondere plädierte er mit Nachdruck gegenüber manchen kritischen Stimmen aus einzelnen Presbyterien für strikte Einzelfallprüfungen, die letztlich zu dem Ergebnis führten, dass im Jahr 1948 die meisten westfälischen DC-Pfarrer wieder in festen

Dienstverhältnissen – allerdings in anderen Gemeinden – amtierten. In vielen Gemeinden wurden zudem Versöhnungsgottesdienste mit Abendmahlfeiern abgehalten, wobei die während der Zeit des Nationalsozialismus sich oft bekämpfenden kirchlichen Gruppen zum Teil spezifische Schuldbekenntnisse ablegten und auf diese Weise nach einem Neuanfang suchten. In fast allen Fällen wurden die durch den Kirchenkampf aufgerissenen Wunden nach 1945 relativ schnell durch solche Maßnahmen zumindest vordergründig geschlossen und man versuchte vorrangig, auf die drängenden praktischen Probleme des Alltags- und des Gemeindelebens Antworten zu finden.

Dass dieser relativ milde Umgang mit Verfehlungen in den eigenen kirchlichen Reihen sowohl innerhalb wie außerhalb der Kirche zum Teil durchaus kritisch gesehen wurde, liegt auf der Hand. In vielen Fällen hätte man sich sicherlich eine deutlichere Distanzierung von der eigenen Rolle während der NS-Zeit und ein klareres Eingeständnis der Schuldverstrickungen gewünscht. Allerdings ist auf der anderen Seite noch einmal festzuhalten, dass die Evangelische Kirche eine der wenigen Institutionen in Deutschland gewesen ist, die im Blick auf ihre Mitarbeitenden eigenständig geregelte Verfahren zur Prüfung individueller Amtsvergehen und persönlicher Schuld durchgeführt hat.

Neben der kirchlichen „Selbstreinigung" spielte die generelle Haltung zur Entnazifizierung und die Mitwirkung kirchlicher Gremien bei diesen Prozessen eine wichtige Rolle in der Kirche wie in der breiteren Öffentlichkeit. Grundsätzlich sorgten die Entnazifizierungsverfahren der Alliierten in größeren Teilen der deutschen Bevölkerung für Unruhe, da man durch Denunziationen und falsche Verdächtigungen ein weithin von Misstrauen geprägtes Klima befürchtete. Auch die Kirchen standen den entsprechenden Maßnahmen recht kritisch gegenüber, wie eine Erklärung der Kirchenkonferenz der britischen Zone zur Entnazifizierung vom Februar 1948, die „ein warnendes Wort zum Entnazifizierungsproblem sagen" wollte, deutlich macht. Grundsätzlich erkannte man die Notwendigkeit einer Überwindung und Ausmerzung nationalsozialistischen Gedankenguts an, befürchtete allerdings im Rahmen der Entnazifizierungsmaßnahmen problematische Konsequenzen, nicht zuletzt politische und persönliche Rache- und Vergeltungswünsche. Zudem äußerten die Kirchen Bedenken, da durch diese Verfahren in der Regel die „kleinen Sünder" getroffen würden, „während die großen Sünder frei ausgehen. Getroffen werden vielfach am schwersten die an den Verfehlungen unbeteiligten Familien, was sich als eine Wiederholung der von den Machthabern des Deutschen Reiches eingeführten Sippenhaftung auswirkt." Um solche problematischen Konsequenzen zu vermeiden, schlug man seitens der Kirchen als Ausweg vor, „eine möglichst weitgehende Amnestie für allen politischen Irrtum" zu gewähren, von der nur diejenigen Personen ausgenommen werden sollten, die „durch sittlich verwerfliches Verhalten persönliche Schuld auf sich geladen" haben. Diese persönliche Schuld müsse jedoch juristisch eindeutig geklärt werden.

Problematisch ist, dass man offensichtlich meinte, zwischen „politischem Irrtum" und „sittlich verwerflichem Handeln" trennscharf unterscheiden zu können. Vor allem wurde auf diese Weise der sich verhängnisvoll auswirkende politische Irrtum der Deutschen geradezu bagatellisiert, so dass die von Jaspers eingeforderte Mitverantwortung bzw. Mithaftung der Deutschen im Blick auf ihre politische Schuld hier gar nicht mehr in den Blick kommen konnte.

Trotz dieser grundsätzlich kritischen Haltung zu Entnazifizierungsverfahren haben sich kirchliche Gremien an entsprechenden Verfahren beteiligt und Anfragen kooperativ mitgewirkt. Exemplarisch soll das Verhalten der Evangelischen Kirchengemeinde Holsterhausen in Wanne-Eickel genannt werden, wo in der NS-Zeit der BK-Pfarrer Ludwig Steil, der Ende 1944 auf Grund von Predigten und Vorträgen inhaftiert wurde und im Januar 1945 an Typhus im KZ-Dachau verstarb, gewirkt hatte. Diese Gemeinde ist vom „Deutschen Entnazifizierungsausschuss Wanne-Eickel" in mehreren Verfahren gegenüber Gemeindegliedern und anderen Bürgern der Stadt um eine Stellungnahme gebeten worden.

Im Blick auf das Entnazifizierungsverfahren des Herner Oberbürgermeisters während der NS-Zeit Günnewig bestätigte die Gemeinde, dass der OB seinerzeit trotz der Bedenken nationalsozialistischer Gruppen jedes Jahr die kirchliche Auferstehungsfeier zu Ostern auf dem städtischen Ostfriedhof genehmigt habe. Diese Feiern wurden von Ludwig Steil, der von den Nationalsozialisten entschieden bekämpft wurde, abgehalten. Dementsprechend stellte man mit dieser Erklärung dem ehemaligen OB ein relativ günstiges Votum aus. Eine differenzierte Haltung zeigte die Gemeinde im Blick auf die Entnazifizierungsverfahren von zwei ehemaligen Mitgliedern der Deutschen Christen. Relativ positiv äußerte man sich zu Gustav S., der zwar zur Ortsgruppe der Deutschen Christen gehörte, sich jedoch nicht aktiv an den Auseinandersetzungen des Kirchenkampfes beteiligt habe, sondern dem bekenntnistreuen evangelischen Männerdienst angehörte, seine Frau zudem der bekenntnistreuen Frauenhilfe. Ferner hatten die Eheleute ihren Sohn zu Pfarrer Steil in den Konfirmationsunterricht und nicht zu einem deutsch-christlichen Pfarrer nach Eickel geschickt, so dass man der Familie S. bestätigte, den seelsorgerlichen Dienst von Ludwig Steil in Anspruch genommen und loyal zu ihm als Gemeindepfarrer gestanden zu haben.

Demgegenüber urteilte man über Gustav Sp. deutlich negativ. Seine vielfachen Versuche, die Kirchengemeinde gleichzuschalten, wurden ebenso benannt wie seine radikalen, bei den Nationalsozialisten üblichen Methoden, Andersdenkende zu denunzieren und an den Rand zu drängen. Auch die wiederholten Denunziationen gegen Pfarrer Steil und andere Mitarbeiter wurden in der Begutachtung aufgeführt. Im Ergebnis kommt das Urteil des Presbyteriums zu dem äußerst kritischen Urteil: „Mindestens mittelbar haben die boshaften und arglistigen Beschuldigungen Sp.s gegen Herrn Pfarrer Steil also zweifellos zu dessen Verhaftung beigetragen." Damit hat man diesem Presbyter eine zumindest indirekte Beteiligung an der Verhaftung und letztlich an dem Tod Steils vorgeworfen. Der Vergleich dieser Stellungnahmen zeigt, dass die Gemeinde sich offenkundig bemüht hat, eine individuelle Einzelfallprüfung im Blick auf die Anfragen des Entnazifizierungshaftausschusses vorzunehmen. Insofern kann hier nicht von einer pauschalen Tendenz, „Persilscheine" auszustellen, gesprochen werden, sondern es wird die Absicht deutlich, den einzelnen Personen in ihrem Verhalten jeweils gerecht zu werden. Ob und inwiefern eine solche Haltung generell für die Mitwirkung kirchlicher Gremien bei den Entnazifizierungsverfahren zutrifft, müsste – detaillierter als bisher geschehen – im Blick auf unterschiedliche regionale und konfessionelle Traditionen analysiert werden.

Fazit

Die kirchlichen Stellungnahmen zur deutschen Schuldfrage allgemein wie auch zum konkreten Verhalten von Einzelnen sind weitgehend davon geprägt, im Sinn der Kategorie der juristischen Schuld individuell strafbares Verhalten nachzuweisen und ggf. zu sanktionieren. Dort, wo eine persönliche Schuld nachgewiesen werden konnte, sollte entsprechend kritisch geurteilt werden. In ähnlicher Weise haben es die Kirchen sowohl im Blick auf ihre eigenständigen Ausschüsse zur Überprüfung kirchlicher Mitarbeiter, speziell Pfarrer, wie auch im Rahmen ihrer Mitwirkung bei Entnazifizierungsverfahren versucht zu handhaben. Der Maßstab war dabei die Orientierung am Recht bzw. an den Bekenntnissen und Ordnungen der Kirche.

Die Bedeutung des Bekennens der moralischen Schuld ist darüber hinaus insbesondere von den Mahnern innerhalb der Kirche, dass nur durch eine Buße hindurch ein echter Neuanfang möglich sei, herausgestellt worden. Die entsprechenden Stellungnahmen sind von einem hohen Maß an Selbstkritik und dem individuellen Bekennen eigenen Versagens geprägt, wobei die Schuld der Kirche bzw. der Gemeinde wie auch einzelner Geistlicher sehr konkret benannt worden sind. Diese in der Regel sehr eindrückliche Umgangsweise mit der eigenen Schuld richtete sich weniger auf die offenkundigen Täter während der NS-Zeit, sondern sollte neben dem eigenen Schuldbekenntnis die individuelle Gewissensprüfung anregen. Dass Fragen eigener Schuld jenseits juristisch bewertbarer Maßstäbe in der deutschen Öffentlichkeit durchaus diskutiert worden sind, ist neben der wichtigen Rolle der Nachkriegsliteratur vor allem der kirchlichen Verkündigung zu verdanken.

In diesem Zusammenhang ist schließlich auf die Bedeutung des priesterlichen Umgangs mit Schuld einzugehen. Die kirchliche Rede von der „Solidarität der Schuld" versuchte zum Ausdruck zu bringen, dass angesichts der allgemeinen Verfehlungen jener Zeit – hier mag man an Jaspers Rede von der metaphysischen Schuld denken – sowie der eigenen Verstrickungen ein Bekennen dieser Schuld vor Gott als stellvertretender Dienst der Kirche notwendig gewesen ist. Diese Dimension des Schuldumgangs eröffnet eine wichtige Perspektive der Bewältigung von Schuld, allerdings nur, wenn dadurch das Ahnden der juristischen Schuld und die Aufarbeitung der politischen Schuld nicht verweigert, sondern mit dieser Dimension verbunden werden.

Das Problem der politischen Schuld ist allerdings ein höchst umstrittenes Thema gewesen. In diesem Bereich ist auch von einem Versäumnis der Kirchen nach 1945 zu sprechen. Die Evangelische Kirche ist in ihren Stellungnahmen mehrheitlich auf politische Irrtümer entweder gar nicht eingegangen oder man hat diesbezüglich sogar eine allgemeine Amnestie gefordert. Nur wenige einzelne Synoden haben explizit die Dimension der politischen Schuld der Deutschen benannt, ohne dass dies jedoch konkretisiert worden ist. Dieses Defizit ist durch das sog. Darmstädter Wort des Bruderrates der Evangelischen Kirche „zum politischen Weg unseres Volkes" im Jahr 1947 versucht worden zu bearbeiten. Ausgehend von dem „Wort der Versöhnung der Welt mit Gott in Christus" thematisierte diese Stellungnahme „auch …alle(n) falschen und bösen Wege, auf welchen wir als Deutsche in unserem politischen Wollen und Handeln in die Irre gegangen sind." Konkret benannte das Darmstädter Wort die national-protestantischen Traditionen, die Parteinahme für konservative und rückwärtsgewandte politische Optionen sowie das Versagen gegenüber der Arbeiterbewegung, allerdings nicht die Verstrickungen in antisemitische Denkmuster. Immerhin betonte „Darmstadt" auch in politischer Hinsicht die Notwendigkeit eines deutlichen kirchlichen Neuanfangs, was allerdings – wie die Rezeption dieses Wortes zeigt – innerhalb der Evangelischen Kirche und auch der bruderrätlichen Tradition höchst umstritten war. Insofern ist der Umgang mit politischer Schuld offenkundig ein besonders sensibler Bereich der Aufarbeitung der Schuldverstrickungen während der NS-Zeit gewesen.

Ungeachtet dieser notwendigen Differenzierungen im Blick auf den Umgang mit den unterschiedlichen Dimensionen von Schuld bleibt es das Verdienst der Evangelischen Kirche, sich als eine der wenigen Institutionen in Deutschland diesem Thema überhaupt eindrücklich gestellt zu haben. Dass die Bewältigung von Schuld und Schuldverstrickungen, die im deutschen Namen während der NS-Zeit so dramatisch verübt worden sind, in einer breiteren Öffentlichkeit Resonanz gefunden hat, ist ganz wesentlich dem kirchlichen Engagement und vor allem den Stimmen vieler einzelner „Mahner" in der evangelischen Kirche zu verdanken.

Hans Misselwitz

Der Friedensschluss von 1990 und die langen Schatten des Zweiten Weltkriegs

Niemand hätte sich 1990, als das Zeitalter der Konfrontation und der Teilung Europas für beendet erklärt wurde, vorstellen wollen, dass knapp 30 Jahre später erneut der Frieden in Europa bedroht, durch Konfrontation und Teilung gefährdet sein könnte.

Die Spannungen, die sich zwischen dem Westen und Russland aufgebaut haben, führten in der Ukraine zu einem militärischen Konflikt, begleitet von eskalierenden ökonomischen Sanktionen. Das INF-Abkommen von 1987, das den Abbau der atomaren Mittelstreckenraketen aus Europa beschloss und das Ende der Ost-West-Konfrontation einleitete, ist seit einem Monat Geschichte.

Morgen wird in Polen des deutschen Überfalls vor 80 Jahren gedacht, des Beginns des Zweiten Weltkriegs. Aus diesem Anlass stellte heute der Präsident Polens die Forderung nach Reparationen für die im Krieg erlittenen Schäden.

Ich möchte mich dem mir gestellten Thema in drei Schritten nähern. Es geht mir dabei darum, die historischen Hintergründe und die politischen Möglichkeiten des europäischen Friedensschlusses von 1990 darzustellen. Ich beginne mit einem Rückblick auf das sich 1989 öffnende Zeitfenster mit dem Datum des sogenannten Mauerfalls in Berlin. In einem zweiten Schritt versuche ich die dadurch eröffnete internationale, europäische Dimension eines zunächst als deutsche Angelegenheit zu erfassen. In dritten Teil geht es um die alternativen Lösungsansätze, die 1990 in der Debatte waren. Abschließend möchte ich einige Einschätzungen über das Ergebnis und die Folgen der Entscheidungen von 1990 zu geben.

Der 9. November 1989

30 Jahre nach 1989, am kommenden 9. November wird in Berlin der Fall der Mauer gefeiert werden. Gewissermaßen als Höhepunkt des demokratischen Aufbruchs in der DDR und als das Ereignis, das die deutsche Einheit verkörpert, das Ergebnis von 1990 vorwegnahm.

Die Bilder sind um die Welt gegangen. Jubelnde Menschen, die durch die geöffneten Grenzübergänge drängen, Jugendliche, die auf der Mauer feiern. Die Sprachlosigkeit der vom Geschehen Überwältigten, die zwei Worte „Wunder" und „Wahnsinn". Ein historischer Ausnahmezustand. Auf einmal ist die Geschichte offen. Nach 40 Jahren deutscher Teilung. Fast 45 Jahre nach Kriegsende.

Es war mehr als ein innerdeutsches Fest. Es fand über mindestens drei Tage unter Beteiligung Hunderter, Tausender zugereister Menschen aus ganz Europa statt und auf allen Kanälen der Welt. Schon wenig später wird von einer „unerhörten Begebenheit" gesprochen werden, ein Wort in dem nicht nur das Außerordentliche anklingt, sondern auch, was in diesem Augenblick möglich schien.

Am Tag danach, am 10. November, gab es eine große Kundgebung in West-Berlin vor dem Schöneberger Rathaus. Kanzler Kohl kam, extra eingeflogen aus Warschau. Als das Wort „Wiedervereinigung" fällt, quittieren das die etwa 20.000 West- und Ost-Berliner mit Pfiffen. Den Nerv traf dagegen Willy Brandt. Er ist es, der die ganze Dimension des Ereignisses erfasste:

„… ich erinnere uns daran, dass alles nicht erst am 13. August 1961 begonnen hat. Das deutsche Elend begann mit dem terroristischen Naziregime und dem von ihm entfesselten Krieg …. Aus dem Krieg und aus der Veruneinigung der Siegermächte erwuchs die Spaltung Europas, Deutschlands und Berlins. Jetzt wächst zusammen, was zusammengehört."

Wie verhielten sich die Deutschen angesichts der neuen Lage?

Die überwiegende Mehrheit der Deutschen war sich bewusst, dass die Frage, wie es in Deutschland weitergehen soll, eine historische und europäische Dimension hatte, einer europäischen Lösung bedurfte. Dass sie sich als ein Aspekt des überall in Europa mit großer Sympathie begleiteten demokratischen Aufbruchs in Osteuropa stellte, war ein Glück. Dass es von deutscher Seite keine nationalistischen Töne gab, sondern offiziell Zurückhaltung, Respektierung der Ängste der Nachbarn, das Bekenntnis zu Europa, galt als Beweis, dass die Lektion aus der Geschichte gelernt wurde.

Drei Wochen nach der Öffnung der Mauer, am 28. November 1989, stellte Bundeskanzler Kohl dem Bundestag sein „10-Punkte-Programm zur Überwindung der Teilung Deutschlands und Europas" vor. Als Ziel formulierte Helmut Kohl: „Mit dieser Politik wird auf einen Zustand des europäischen Friedens hingewirkt, in dem das deutsche Volk in freier Selbstbestimmung seine Einheit wiedererlangen kann."

Die Annäherung beider deutscher Staaten solle in eine gesamteuropäische Entwicklung eingebettet werden. Dazu gehöre „die ebenso schwierige, wie entscheidende Frage übergreifender Sicherheitsstrukturen in Europa". Das aber hieß: Der deutsche Einigungsprozess folgt dem europäischen. An dessen Ende steht die deutsche Einheit.

Dieses „10-Punkte-Programm" stieß in beiden deutschen Staaten auf breite Zustimmung. Sogar bei der neuen DDR-Regierung unter Hans Modrow. In der DDR-Bevölkerung war Ende November 89 das Thema „Wiedervereinigung" noch nicht auf der Tagesordnung. Laut damaliger „Spiegel"-Umfrage waren 71 Prozent dagegen, nur 27 Prozent dafür. Auch die neuen oppositionellen Parteien in der DDR äußerten sich noch ablehnend.

Die internationale Dimension der „deutschen Frage"

Mit Öffnung der Mauer fiel auch der „Eiserne Vorhang", die Grenze im Ost-West-Konflikt, der 40 Jahre Europa und die Welt beschäftigte, für den die Berliner Mauer symbolisch stand. Das war die internationale Dimension des Ereignisses. Die von der Weltpolitik lange in den Hintergrund gestellte „deutsche Frage" kehrte als weltpolitisches Thema auf die Tagesordnung zurück.

Die „deutschen Frage" bestimmte lange Zeit die Geschicke Europas. Dann blieb sie nach dem Krieg unerledigte Geschichte. Die Lösung der „deutschen Frage" würde für alle Europa von grundlegender Bedeutung sein. Für die Europäer hieß die „deutsche Frage" seit 1945: ob und wie Europa ein großes, wieder vereintes Deutschland verkraften könne. Es hatte den Kontinent in zwei katastropale Kriege gestürzt. Der Mauerfall war also keine Angelegenheit, die die Deutschen allein etwas anging.

1990 wurde somit das Datum für zwei mögliche Friedensschlüsse: das Ende des Kalten Krieges besiegeln und den noch ausstehenden Friedensschluss mit Deutschland nach dem Zweiten Weltkrieg nachholen. Formal lag die „deutsche Frage" seit 1945 in der Verantwortung der Vier Siegermächte des Zweiten Weltkriegs. Zugleich berührte sie vor 30 Jahren einen Kernbereich der sicherheitspolitischen Interessen der USA und der Sowjetunion in Europa. Durch die Einbindung der deutschen Teilstaaten in die west- und osteuropäischen „Blöcke", militärisch wie ökonomisch, ging es 1990 für sie um Eingriffe in den jeweiligen Machtbereich.

Der Friedensschluss von 1990 konnte somit nur gelingen, wenn die Lösung der europäischen Dimension des Problems die Lösung der „deutschen Frage" erlaubt. Es muss auf jeden Fall beides geben: eine Antwort auf die deutsche Frage, die Teil einer künftigen Friedensordnung in Europa ist. Die Schlüssel zu beidem hatten 1990 die vier alliierten Siegermächte des Zweiten Weltkriegs noch in der Hand. Ob man es wollte oder nicht: Die langen Schatten des Krieges kamen 1990 wieder auf die Tagesordnung.

Die unerledigten Ziele der Alliierten

Anfang August 1941, nach dem Überfall Deutschlands auf die Sowjetunion, kam es zu einem geheimen Treffen von Präsident Roosevelt und Premierminister Churchill auf einem Kriegsschiff vor der Küste Neufundlands. Es ging um die Bildung einer breiten „Anti-Hitler-Koalition" und deren politische Ziele. Sie wurden bekannt als „Atlantik-Charta".

Nach den USA und Großbritannien unterzeichneten sie die Sowjetunion und die Exilregierungen von neun besetzten europäischen Ländern. Sie zeichnete Grundzüge einer künftigen Friedensordnung, eines umfassenden Systems der Sicherheit in Europa. Sie wurde zur Blaupause für die Charta der Vereinten Nationen von 1946.

Als der bis heute furchtbarste Krieg der Weltgeschichte am 8. Mai 1945 zu Ende war, gab es über den Kriegsschuldigen keinen Zweifel. Ihre Kriegsziele hatten die Alliierten am 1. Januar 1942 erklärt: „Sicherheit vor Deutschland" und „kein einseitiger Sonderfrieden mit Deutschland". Wie sie erreicht werden konnten, das verhandelten die drei Mächte, Sowjetunion, USA und Großbritannien vor Kriegsende auf den Gipfeltreffen in Teheran und Jalta. Nach Kriegsende, vom 17. Juli bis 2. August 1945, trafen sich Stalin, Truman und Attlee zur Potsdamer Konferenz. Sie stand schon im Zeichen unterschiedlicher Vorstellungen über die Zukunft Deutschlands und Europas und beginnender sowjetisch-amerikanischen Gegensätze – nicht zuletzt unter dem Eindruck der Zündung der ersten Atombombe durch die USA. Das Ergebnis war ein Provisorium. So verstand sich das „Potsdamer Abkommen" auch selbst, indem es auf einen künftigen Friedensvertrag verwies.

In der Bundesrepublik galt bis 1990 das „Potsdamer Abkommen" als rechtlich unverbindlich, ohne völkerrechtliche Geltung. Doch bevor die „deutsche Frage" 1990 wieder auf der Tagesordnung kam, bewährte sich das „Potsdamer Abkommen" aus alliierter Sicht. Das Provisorium stand für eine europäische Friedensordnung, die 45 Jahre Sicherheit vor Deutschland gewährte. Es stellte wichtige Weichen für die Nachkriegsordnung. Sie waren für lange Zeit die gemeinsame Geschäftsgrundlage der Staaten, darunter in der Reparationsfrage, bei der Festlegung der polnischen Westgrenze an Oder und Neiße oder bei den Grundsätzen für die Behandlung Deutschlands. Das zeigte sich 1990 bei den Verhandlungen zum Zwei-plus-Vier-Vertrag. Genau diese Themen lagen wieder auf dem Tisch. Die Reparationsfrage fiel unter den Tisch, die Grenzfrage bestimmte über Monate die Diskussion, und der Vertrag nahm am Ende sogar Bezug auf einige Verfassungsgrundsätze des vereinten Deutschlands.

Was waren 1990 die Interessen der beiden Großmächte USA und Sowjetunion?

Für die sowjetischen Interessen in Europa war die DDR von besonderer Bedeutung. Deshalb beharrte Michail Gorbatschow noch Ende 1989 auf deren Fortexistenz, weil sie der Sowjetunion auch eine Mitsprache über die Neuordnung Europas garantierte. Allerdings änderte sich das schon etwas, seit die westdeutsche Ostpolitik die europäische Nachkriegsordnung de facto anerkannt hatte. Der triumphale Empfang für Gorbatschow im Juni 1989 in der Bundesrepublik zeigte ihm, dass die Bundesrepublik ein potenterer Partner für die Annäherung der Sowjetunion an Europa sein konnte. Für Gorbatschows europäische Vision spielte die „deutsche Frage" eine zentrale Rolle. Sie verhielt sich zum eigentlichen Ziel – der Einbeziehung der Sowjetunion in das „gemeinsame europäische Haus" – wie ein Mittel, eine Möglichkeit, die Tür nach Europa zu öffnen. Für die USA waren die europäischen Ambitionen Gorbatschows eine akute Herausforderung. Der seit Anfang 1989 amtierende amerikanische Präsident Bush Senior suchte denn auch nach einer Antwort auf Gorbatschows Projekt. Auch dabei kam die Möglichkeit in Betracht, die „deutsche Frage" wieder auf die Tagesordnung zu setzen. So hieß es in der neuen europapolitischen Strategie des Weißen Hauses im März 1989: „Heute sollte die oberste Priorität der amerikanischen Europapolitik das Schicksal der Bundesrepublik Deutschland sein. [...] Selbst wenn wir bei der Überwindung der Teilung Europas durch mehr Offenheit und Pluralismus Fortschritte machen, ist keine Vision des künftigen Europas denkbar, die nicht auch eine Stellungnahme zur ‚deutschen Frage' enthält".

Die USA sahen also – wie die Sowjetunion – in der Lösung der „deutschen Frage" einen Schlüssel für die Neuordnung Europas. Allerdings mit jeweils anderen Zielen: Für die USA ging die Lösung der „deutschen Frage" vor, sie war ein Ziel an sich, weil deren Lösung die europäische in ihrem Interesse beeinflussen könnte. Sie würde den USA den Status quo sichern und den Fuß in Europa erhalten. Damit verhielt es sich genau umgekehrt wie bei der Sowjetunion, die etwas anderes als den Status quo anstrebte, sondern eine stärkere Anbindung an Europa.

Welche Alternativen gab es 1990?

Theoretisch standen 1990 verschiedene Lösungsansätze zur Verfügung. Sie mussten irgendwie den für die deutsche Vereinigung ausstehenden Friedensschluss verbinden mit den für eine europäische Friedensordnung erforderlichen Entscheidungen. Dabei ging es wesentlich auch um die künftige Rolle Deutschlands in Europa.

Ich beziehe mich hier auf vier Lösungsansätze.

1. Friedensvertrag mit Deutschland

Das war eigentlich der selbstverständliche Weg. Die Siegermächte treten in ihre Verantwortung für Deutschland wieder ein und entscheiden – im Rahmen einer internationalen Friedenskonferenz – über einen Friedensvertrag, der u.a. die Grenzfragen, die Reparationsfragen und die künftige außenpolitische Verfassung des vereinten Deutschlands regelt. Diesen Ansatz verfolgte die Sowjetunion seit langem. Er entsprach dem Modell Österreich 1955, Souveränität durch Neutralität.

Das stand von vornerein das von den USA erklärte Ziel einer Mitgliedschaft Deutschlands in der NATO entgegen. Das wollten sie nicht in einer Konferenz von 55 zu beteiligenden Staaten, die am 8. Mai 1945 mit Deutschland im Kriegszustand waren, zur Disposition stellen. Auch die Bundesregierung lehnte eine Friedenskonferenz ab, weil sie im Zeichen von schwer abzuschätzenden Reparationsforderungen stehen könnte.

2. Deutsch-deutsche Konföderation

Helmut Kohl hatte es in seinem 10-Punkte-Programm als ein Übergangsmodell vorgeschlagen. Die föderative Struktur der Bundesrepublik bot dafür institutionelle Parallelen. Auf DDR-Seite gab es mit der Idee der „Deutsch-deutschen Vertragsgemeinschaft" eine Entsprechung. Die Europäische Gemeinschaft, so wie sie vor Maastricht 1992 bestand, hätte den gemeinsamen Rahmen geboten.

Das hätte aber vorausgesetzt, dass sich die DDR (mit Hilfe der Bunderepublik) wirtschaftlich und politisch stabilisieren könnte. Bonn erteilte diesem Ansatz Mitte Februar 1990 eine Absage, nicht zuletzt angesichts des von den USA im Januar vollzogenen Kurwechsels bei der Lösung der „deutschen Frage" und der Zusage Gorbatschows an Kohl, Weg und Zeit der deutschen Vereinigung selbst zu bestimmen.

3. Gesamteuropäische Friedensordnung

Dieses Konzept bedeutete, die notwendigen Entscheidungen der Siegermächte für die Vereinigung der beiden deutschen Staaten abzukoppeln von den Fragen der europäischen Friedensordnung. Der Ansatz wurde von Gorbatschow favorisiert und im März 1990 formell unterbreitet. Er nahm das im Februar 1990 verabredete Zwei-plus-Vier-Verfahren auf, und trennte davon Verhandlungen über eine neue europäische Sicherheitsstruktur ohne NATO und Warschauer Pakt ab, aber unter Einschluss der USA. Das stieß sowohl in Polen als auch in der Tschechoslowakei auf positive Resonanz. Die DDR unternahm im Mai 1990 zusammen mit den beiden Nachbarstaaten eine gemeinsame Initiative zur Weiterentwicklung der KSZE als gesamteuropäische Sicherheitsarchitektur.

Der Ansatz blieb nach einem Monat stecken. Nachdem, was wir später erfuhren, intervenierten die USA in Prag und Warschau – angeblich unter Hinweis darauf, dass es schließlich noch die NATO geben werde. Stattdessen sollte das Thema „Gesamteuropäische Friedensordnung Rahmen der Vorbereitungen zur Pariser Konferenz für Sicherheit und Zusammenarbeit in Europa zum Tragen kommen – und damit in die künftige „Pariser Charta für ein neues Europa".

4. Beitritt der DDR zur Bundesrepublik

Das war der Ansatz, der schließlich umgesetzt wurde. Er wurde im Februar 1990 offiziell ins Gespräch gebracht – nach einem Kurswechsel der USA und Bonns Zustimmung: weg vom Vorrang der europäischen Frage. Der Beitritt der DDR nach Art. 23 des Grundgesetzes würde den geringsten Regelungsbedarf bedeuten. Er ermöglichte die Fortschreibung des innen- und außenpolitischen Status quo der Bundesrepublik und seine Ausdehnung auf die DDR.

Wie kam es zum Kurswechsel in Washington?

Noch Anfang 1990 stimmten die Vier Siegermächte und die beiden deutschen Regierungen, darin überein, dass es gelte, einen „friedlichen, graduellen [...] Prozess" zu fördern, in dem die Ostdeutschen ihren Weg selbst bestimmen sollten. Die deutsche Einheit – wenn überhaupt – könne erst am Ende eines längeren Prozesses stehen. Noch am 4. Januar 1990, als Helmut Kohl ein mehrstündiges Gespräch bei Präsident Mitterand zu Hause führte, stimmte sie laut Protokoll bzgl. überein, „dass die beiden Länder in einer Übergangszeit zusammenarbeiten, obwohl sie unterschiedlichen Blöcken angehörten".

Mitterand mahnte: „Die Vereinigung Deutschlands dürfe nicht so erfolgen, dass die Russen sich verhärten". Er habe keine Antwort darauf, „wie die Sowjetunion das Aufgeben ihrer militärischen Position akzeptieren werde, wenn nicht die USA und die anderen Mächte ihre Position aufgäben." Helmut Kohl versicherte am Ende des Treffens, dass er Gorbatschow sagen werde, dass man Zeit brauche..., dass wir kein fait accompli schaffen wollen."

Nur zwei Wochen später vollzieht Washington einen Kurwechsel. Es war eine 180-Grad-Wende, die die Berater von Präsident Bush am 19. Januar 1990 vorschlugen. Dem lag einerseits die amerikanische Einschätzung zugrunde, dass „die Alternative einer eigenständigen, demokratischen DDR gar nicht mehr bestand und ein beschleunigter Vereinigungsprozess [...] die Möglichkeit, ihm Steine in den Weg zu legen, nur minimieren konnte". Die USA fürchteten – so berichtet Robert Hutchings, damals im Nationalen Sicherheitsrat beim Präsidenten der USA daran beteiligt –, dass mit fortgesetztem Prozess dieser wegen der bestehenden alliierten Rechte der Sowjetunion „in völlig unkalkulierbare Richtungen führen könnte, etwa zu einer internationalen Friedenskonferenz", oder „dass Moskau die Deutschen bedrängen könnte [...], etwa auf einen Austritt aus der NATO."

Das sollte auf jeden Fall verhindert werden. Die Deutschen dürften nicht vor die Alternative gestellt werden, zwischen NATO und Einheit wählen zu müssen. Deshalb sollte man „Moskau vor derart viele fait accomplis (vollendete Tatsachen) stellen, so dass die Sowjets nur noch zu hohen eigenen Kosten an Gegenmaßnahmen denken konnten." Diese 180-Grad-Wende vom Januar 1990 bedeutete nicht mehr und nicht weniger als die radikale Abkehr von der gemeinsamen Position, die „deutsche Frage" im Gleichklang mit der Schaffung einer europäischen Friedensordnung zu lösen. Die Beschleunigung des Prozesses, das angeblich „enge Zeitfenster" von dem ab Februar 1990 an die Rede war, war das Instrument, um den Einfluss der Sowjetunion zu minimieren.

Die „Gespenster der Vergangenheit"

Condolezza Rice, 1990 Mitarbeiterin im Nationalen Sicherheitsrat und spätere Außenministerin der USA, erklärte im Rückblick: „Es ist richtig, dass die USA tatsächlich nur eine Sorge hatten, diejenige nämlich, dass die Wiedervereinigung Deutschlands die NATO zerstören könnte. Denn die NATO war die treibende Kraft für den Frieden in Deutschland, der Anker Amerikas in Europa." Wie konnten die USA die Europäer überzeugen, der NATO-Lösung und damit der Fortschreibung der militärischen Präsenz der USA in Europa 1990 zuzustimmen?

Die britische Regierungschefin Margret Thatcher hatte die Sorge, dass sich durch ein vereintes Deutschland die Balance in Europa wieder grundlegend verschieben würde. Damit stand Margret Thatcher in Europa keineswegs allein. Auch Frankreichs Präsident Francois Mitterrand teilte die Sorge vor einem deutschen Übergewicht in Europa. Bei einem Treffen mit Gorbatschow in Kiew am 7. Dezember 1989 sagte er: „Die deutsche Frage darf nicht den europäischen Prozess bestimmen, sondern umgekehrt. Und: An erster Stelle – ich wiederhole es – muss die europäische Integration stehen, die osteuropäische Entwicklung, der gesamteuropäische Prozess und die Schaffung einer europäischen Friedensordnung. Wenn die USA daran teilnehmen werden, dann gibt uns das zusätzliche Garantien."

Die Sowjetunion sah auch das Problem: Ende 1989 fragte der sowjetische Außenminister Schewardnadse bei einem Besuch im Brüsseler NATO-Hauptquartier: „Wo sind die politischen, rechtlichen und materiellen Garantien, dass die deutsche Einheit auf lange Sicht keine Bedrohung für die nationale Sicherheit anderer Staaten und für den

Frieden in Europa werden kann? Die Geschichte selbst verlangt eine erhöhte Umsicht Europas."

In dem für die Positionierung der Sowjetunion zur NATO-Frage entscheidenden Gespräch von US-Außenminister Baker mit Präsident Gorbatschow am 9. Februar 1990 in Moskau, fragte Baker: „Würden Sie es vorziehen, das vereinigte Deutschland außerhalb der NATO zu sehen, unabhängig und ohne Truppen der USA oder sähen Sie lieber ein vereinigtes Deutschland, eingebunden in die NATO, mit der Versicherung, dass die Zuständigkeit (jurisdiction) der NATO keinen Inch ostwärts von der heutigen Position verschoben wird?" Baker protokollierte von Gorbatschows Antwort nur: „Ganz sicher ist, dass eine Ausdehnung des NATO-Gebietes unakzeptabel wäre." Das hieß: Wenn die NATO bleibt, wo sie ist, könnte das eine Lösung sein.

Gegenüber Kanzler Kohl machte Präsident Bush am 24. Februar 1990 in Camp David geltend, dass die NATO-Mitgliedschaft Deutschlands das Argument sei, um die mit Blick auf die deutsche Vereinigung besorgten Staaten in Europa für die deutsche Einheit zu gewinnen. Der in diesem Zusammenhang kolportierte Satz von Bush lautete: „We don't fear the ghosts of the past; Margaret does". Er spielte damit auf Sorgen in Großbritannien vor neuen Großmacht-Ambitionen Deutschlands an. Die Furcht vor einem Wiedererstarken Deutschlands war weithin greifbar. Sicherheit vor Deutschland, war das erste Kriegsziel der Alliierten gewesen. Darin war man sich einig geblieben. Die internationale Zustimmung zur NATO-Mitgliedschaft des vereinten Deutschlands war in letzter Instanz die Antwort auf die Frage: Wer schützt uns im Ernstfall vor einem wiedererstarkten Deutschland? Da waren sie wieder, die langen Schatten des Zweiten Weltkriegs.

Das Ergebnis und die Folgen

„Zwei-Plus-Vier" oder „Vertrag über die abschließende Regelung in Bezug auf Deutschland"

Nach dem zwischen Washington und Bonn Ende Januar abgestimmten Kurswechsel und dem Moskauer placet zum Verbleib der Deutschen in der NATO (unter der Bedingung ihre nicht beabsichtigten Ost-Ausdehnung) verständigten sich im Februar 1990 die Viermächte darauf, ein Format für eine notwendige „friedensvertragliche" Regelung zu finden. Unbedingt notwendig waren dazu die Vier Mächte. Zugestanden wurde die Beteiligung der beiden deutschen Staaten. Das ursprüngliche Format „Vier-plus-Zwei" hieß auf Deutsch „Zwei-plus-Vier". Es wurde in Ottawa am Rande der KSZE-Konferenz Mitte Februar 1990 beschlossen – gegen den Widerspruch einiger europäischer Länder.

Das Mandat der Verhandlungen sollte strikt begrenzt sein: Nach westlicher Vorstellung ging es lediglich um die Beendigung der Siegerrechte in Bezug auf Deutschland. Weil die Bundesregierung sich nicht klar zur Endgültigkeit der Oder-Neiße-Grenze mit Polen äußern wollte, verlangte Polen seine Beteiligung. So kam das Thema auf die Tagesordnung. Auf Beharren der Sowjetunion wurden schließlich auch Fragen der militärischen, innen- und außenpolitischen Verfassung des vereinten Deutschlands aufgenommen.

So legt das Abkommen für das vereinte Deutschland fest: keine ABC-Waffen, Truppenobergrenzen, keine territorialen Forderungen, den Grenzverlauf zu Polen sowie die Selbstverpflichtung zum Frieden und das Kriegsführungsverbot durch die Verfassung. Damit nimmt es Bezug auf die offenen Fragen der Vergangenheit. Direkt oder indirekt sind Verpflichtungen berührt, die 1945 im Potsdamer Abkommen von den Siegermächten formuliert wurden. Mit bloßem Auge kann man erkennen, dass die vier „D's" von Potsdam – „Demilitarisierung, Denazifizierung, Demokratisierung und Dezentralisierung" – im Vertragstext und in dem dazugehörigen Brief der deutschen Außenminister Genscher und de Maiziére explizit oder implizit Aufnahme gefunden haben

Der Friedenschluss mit Deutschland von 1990 in Gestalt des „Zwei-plus-Vier-Vertrages" enthielt also die unbedingt notwendigen Elemente einer „friedensvertraglichen" Regelung.

Auf der anderen Seite sicherte die staatliche Vereinigung durch den Beitritt der DDR zur Bundesrepublik (sofern nichts anderes erklärt wird) den gesamten Bestand der rechtlichen Verpflichtungen der Bundesrepublik – nach innen wie nach außen. Alle offenen oder strittigen

Fragen konnten überdies ausgeklammert werden – mit dem Verweis auf spätere Erledigung.

Die DDR würde als Staat untergehen. Mit einer Ausnahme: Deutsche und internationale militärische Kapazitäten, Stäbe und Übungen, die der NATO unterstellt sind, dürfen nicht auf das ehemalige Gebiet der DDR vorrücken. Das heißt auch: Sie wurde eine atomwaffenfreie Zone – wie es das Regierungsprogramm der DDR 1990 forderte.

Was ist an dem Friedensschluss von 1990 zu würdigen?

1. Was in Helmut Kohls „10-Punkte Programm" als erklärtes Ziel galt, einen „Zustand des europäischen Friedens" zu schaffen – verstanden als eine Situation, in der die deutsche Einheit die Zustimmung der Europäer finden kann – konnte 1990 als erfüllt angesehen werden:

– Das Kriegsziel „Sicherheit vor Deutschland" war durch die NATO-Mitgliedschaft erreicht.

– Mit der Verabschiedung der „Charta von Paris für ein neues Europa" wurde ein Bekenntnis zu einer gemeinsamen Friedensordnung aller europäischen Staaten vorgelegt.

2. Die nach einem langen Ringen, von Bonn willkürlich herausgeschobene endgültige Regelung der Grenzen des vereinten Deutschlands – konkret der Grenze mit Polen, schaffte Vertrauen auch bei den Nachbarstaaten.

3. Das vereinte Deutschland erhielt mit dem „Zwei-plus-Vier-Vertrag" seine volle Souveränität, in dem es gleichzeitig, erklärt entsprechend seiner Verfassung dem „Frieden in der Welt zu dienen" und entsprechend seine militärischen Fähigkeiten zu begrenzen.

Was ist versäumt worden, liegengeblieben, falsch gelaufen?

1. Die Chance zu einem Systemwandel in Europa nach dem Ende der Ost-West-Konfrontation ist vergeben worden. Das hat Konsequenzen bis heute. Das Festhalten des Westens an den Strukturen des Status quo und deren Ausdehnung nach Osten hat Institutionen des Kalten

Krieges und deren ideologische Fundamente in die neue Epoche übertragen.

2. Der 1990 vorherrschende „Geist der Zusammenarbeit" ist auf verschiedenen Ebenen der internationalen Beziehungen einem Geist des Misstrauens und der wechselseitigen Drohung gewichen. Das betrifft die Beziehungen zwischen Europa und Russland besonders. Die sowjetische Zustimmung zur Westbindung des vereinten Deutschlands stellte einen Vertrauensvorschuss dar – und zwar im Vertrauen auf die spätere Teilhabe der Sowjetunion an einem neuen System der gemeinsamen Sicherheit. Im Blick auf die gemeinsamen Kriegsziele willigte die Sowjetunion in einen Separatfrieden des Westens mit Deutschland ein – zumindest solange sie aus dem westlichen Bündnis ausgeschlossen blieb.

3. Dass die Lösung der „deutsche Frage" den europäischen Prozess bestimmte, und die Lösung einer nationalen Frage vor der internationalen kam, hat weitreichende Folgen. Das deutsche Beispiel, die Wiederherstellung der nationalen Einheit als Ergebnis und Ziel des demokratischen Aufbruchs in Mittel- und Osteuropa von 1990 hat viele „Gespenster der Vergangenheit" in Europa wieder wach gemacht, angefangen in Jugoslawien.

Fazit

Das am Ende von allen Beteiligten akzeptierte Ergebnis, der „Zwei-plus-Vier-Vertrag", fand am Ende eine Reihe von Kompromissen und konnte in kürzester Zeit zustande kommen, weil es gelang, entweder strittige Fragen bilateral zu klären, an andere Gremien zu delegieren, oder ganz auszuklammern.

Das geschichtliche Datum 1945 spielt in dem ganzen Vertragswerk keine Rolle. Lediglich in der Präambel ist vom „Bewusstsein, das ihre Völker seit 1945 miteinander in Frieden leben" die Rede. Keine Rede von der deutschen Kriegsschuld oder von den Alliierten in diesem Zusammenhang getroffenen Vereinbarungen. Keine Rede ist über den Umgang mit den noch offen gebliebenen Fragen.

Willy Brandt sagte in seiner Rede am Tag nach der Öffnung der Mauer: „Jetzt wird viel davon abhängen, ob wir uns – wir Deutsche hüben und drüben – der geschichtlichen Situation gewachsen zeigen."

Die Enthaltsamkeit in Bezug auf historisch-politische Sachverhalte ist auffällig. Und man könnte es einen genialen diplomatischen Wurf nennen. Oder ein Zeugnis der fortwirkenden Last der deutschen Vergangenheit im Gedächtnis der Völker. Das Schweigen darüber bedeutet, dass sie uns bleibt.

Günter Brakelmann und Ludwig Kaiser

Der „Frieden" – ein nie erledigtes Thema[92]

70 Millionen Menschen sind weltweit aus verschiedenen Gründen auf der Flucht – Millionen von Menschen fliegen weltweit ins Urlaubsvergnügen. Während prächtige Kreuzfahrtschiffe und Urlauberflugzeuge über das Mittelmeer fahren und fliegen, erleiden Tausende den nassen, unbarmherzigen Tod. Während Millionen ökonomisch und sozialkulturell darben, nehmen die Zahl der Millionäre und Milliardäre und ihre politischen Einflussmöglichkeiten weltweit rasant zu. Während sich der Reichtum in wenigen privaten Händen kumuliert, nimmt die Armut in vielen Ländern zu. Wohin man schaut: Ungleichheiten und Widersprüche machen das Gesamtbild aus.

Es zeigt sich auch heute: Wir haben diese Welt und ihre globale Geschichte nur in ihren Widersprüchen. „Frieden" im Vollsinne eines geordneten gerechten internationalen Zusammenlebens haben wir nur in kleinen Ansätzen. Und dieser politisch-diplomatische Friedenszustand, mühsam erkämpft, ist gefährdet durch die immer zugleich existierende Möglichkeit, dass es unter bestimmten Bedingungen zu militärischen Konflikten kommt. An dem Material, einen Krieg führen zu können, wird weltweit fieberhaft gearbeitet. Die Militärtechnologie wird verfeinert, die immer raffiniertere Waffenproduktion, mit der man kleinere Kriege führen kann, läuft auf Hochtouren und ist für die Rüstungsindustrie ein gutes Geschäft. Und während die Atommächte ihre Potenziale modernisieren, unternehmen viele Staaten alles, um atomare Vernichtungswaffen in ihre militärischen Potenziale aufzunehmen.

Zwischenzeitliche Abrüstungsverträge werden auf Grund eines steigenden Misstrauens zwischen den Staaten von der Praxis neuer Aufrüstungspläne abgelöst. Die internationalen Organisationen sind nicht in der Lage, weder die atomaren Großmächte noch die kleineren Staaten auf die einzuhaltenden Verträge zu verpflichten, ihre Einhaltung zu

---

[92] Kanzelrede

überprüfen oder gar zu erzwingen. Die jeweils eigenen politischen und ökonomischen Interessen der Großmächte verhindern eine stabile internationale Friedensordnung. Die militärisch-industriellen Komplexe dieser Staaten haben einen solchen politischen Einfluss, dass ein ernsthaftes Eingehen auf eine Welt mit weniger Waffen und weniger Vernichtungspotenzial nur schwer zu erreichen ist.

Die UNO, zu der nur wenige demokratische Staaten gehören, ist von ihrer Konstruktion her nicht in der Lage, über den verbalen Abruf der völkerrechtlich geltenden Rechte und Pflichten hinaus wirkungsvollen machtpolitischen, einheitlich exekutierten Einfluss zu gewinnen. Sie kann auftretende Konflikte und Gegensätze und ausgebrochene Kriegshandlungen zwischen souveränen Staaten oder zwischen Bürgerkriegsparteien mit den Mitteln moralischer und völkerrechtlicher Argumente nur schwer eindämmen oder gar beenden. Sie hat es schwer, sich als Weltfriedensmacht zu betätigen. Letztlich entscheidet in der UNO der Weltsicherheitsrat, in dem in der Regel die Positionen der Großmächte eine einvernehmliche Lösung verhindern.

In Kontinuität zur bisherigen zwischenstaatlichen Praxis entscheiden sich die Großmächte im Sinne ihrer politischen und ökonomischen Machtinteressen und im Sinne ihrer zukünftigen Weltordnungsziele. Mit Hilfe der Macht ihrer eigenen Systeme drängen sie darauf, in den Rang einer führenden Weltmacht zu kommen. Das treibt sie zu Verhaltensweisen, die als imperial zu bezeichnen sind. Nur am Rande nimmt man Rücksicht auf die vielfältigen Probleme der Mittel- und Kleinstaaten. Der Angriff nachrückender Großmächte (z.B. Russland und China) auf die traditionelle erste Weltmacht USA bringt die ganze Welt in neue Turbulenzen und lässt auf die Dauer militärische Auseinandersetzungen wahrscheinlicher werden. Handelskriege und Sanktionen können sich zu kriegsähnlichen Instrumenten entwickeln und am Ende den Einsatz militärischer Macht provozieren.

Wohin man schaut und mit welchem Einzelproblem man sich beschäftigt: Es gibt Gründe, daran zu zweifeln, dass die Diplomatie ein Ende der laufenden und sich ankündigenden Kriege erreichen kann.

Und die Gründe mehren sich, dass eine Steigerung der Konfliktpotenziale zu umfassenderen Katastrophen führen kann. Die Frage ist: Können Kirche und Christen dabei mithelfen, das gegenwärtige globale Unfriedens-Potenzial zu reduzieren? Wo und wie können sie auf den Gang der Geschichte Einfluss nehmen, dass es nicht zur möglichen Selbstvernichtung weiter Teile der Erde kommt? Wie können die politischen Kräfte unterstützt werden, die eine internationale Ordnung in dieser Welt auf anderen politisch-moralischen Fundamenten schaffen wollen?

Zunächst müssen wir darauf hinweisen, dass wir als evangelische Kirche im nationalen Raum eine bescheidene Rolle spielen und im Weltmaßstab kaum eine Bedeutung haben. Keiner der Präsidenten der USA, Russlands und Chinas nehmen zusammen mit ihren politischen und militärischen Stäben Kenntnis von kirchlichen Verlautbarungen aus einer Provinzkirche. Sie exekutieren ihre Politik nach den traditionellen Regeln ihrer nationalen Interessenpolitik.

Zu wem redet die evangelische Kirche, wenn sie zu laufenden Problemen Stellung bezieht? Sie redet zu ihren Mitgliedern, von denen die meisten ein distanziertes Verhältnis zu ihrer Kirche haben. Und sie redet in den allgemeinen öffentlichen Raum hinein. Parteien und Verbände wie einzelne Politikerinnen und Politiker nehmen durchaus zur Kenntnis, was sie in Denkschriften oder in aktuellen Verlautbarungen sagt. Aber es gibt kaum einen installierten kontinuierlichen Dialog zwischen Kirche und der politischen Szene. Was vor allem fehlt, sind Politiker, die sich als Christen in weltlicher Verantwortung verstehen und ihr politisches Amt aus dem Geist neutestamentlicher Verkündigung und reformatorischer Theologie ausüben. Und es gibt kaum einen politischen Nachwuchs, der kirchlich und gewissensmäßig geprägt ist vom Hören auf die Verkündigung und mit den ihr entsprechenden ethischen Kriterien seine politischen Entscheidungen fällt. Man gebe doch zu, dass wir eine Minderheit geworden sind und immer weniger die Gewissen der Zeitgenossen treffen und immer weniger bewusste Christen sich in der konkreten Politik engagieren.

Das bedeutet nun noch nicht, dass wir auf dem Wege von einer Kirche zu einer Sekte sind. Solange die Kirche nicht ganz einem herrschenden Zeitgeist verfallen ist, sondern als ihre primäre Aufgabe die Verkündigung der Gebote Gottes und des Evangeliums versteht, hat sie die Aufgabe, nicht nur einzelne Menschen zum Glauben an Jesus als den Christus zu führen, sondern hat sie auch im Sinne des Doppelgebotes der Liebe ihre Mitverantwortung für eine menschliche Mit- und Umwelt wahrzunehmen. Was bedeutet das?

Die Friedensdenkschrift der EKD von 1981 formulierte:

„Wer an der politischen Friedensfrage mitwirken will, kann sich nicht mit dem Bekenntnis begnügen, Frieden zu wollen, d.h. seine Friedensgesinnung und Friedenseinstellung zu bezeugen. Er muss sich auf die politischen Konflikte einlassen, die heute zu den friedensgefährdeten Gegensätzen führen. Die Konflikte und tiefgreifenden Spannungen unter den Völkern, die es gibt, und die den Frieden immer wieder gefährden, sind mit der eigenen Gewissensentscheidung allein nicht zureichend erfasst. Will man dem Frieden wirklich – und das heißt praktisch – dienen, so ist die eigene Gewissensentscheidung zu überführen in die Wahrnehmung praktischer politischer Verantwortung. An dieser Stelle muss die Friedensdiskussion, die wir in Kirche und Gesellschaft führen, ansetzen und fortgeführt werden. Die Konflikte unter den Völkern beruhen auf sozialen Spannungen und ökonomischen Interessen, auf der Unterschiedlichkeit und Gegensätzlichkeit moralischer, religiöser und vor allem politischer Überzeugung. Die Friedensdiskussion wird erst dort verantwortlich geführt, wo die Existenz dieser Konflikte und Gegensätze anerkannt wird. Friedensaufgabe heißt: Bejahung des Lebens in Konflikten. Diese Konflikte müssen in die Erörterung der Friedensaufgaben mit einbezogen werden. Durch die Erklärung eigener Überzeugungen allein werden solche Konflikte nicht aus der Welt geschafft ....

Auch vom theologischen Verständnis der politischen Verantwortung her ist es darum geboten, die politischen Probleme selbst zu erkennen, die den Konflikten zugrunde liegen und die deswegen einer friedlichen

Lösung bedürfen, weil wir sie nicht einfach aus der Welt schaffen können, sondern mit ihnen leben müssen. Die Friedensaufgabe zielt darauf ab, Frieden auch in Konflikten zu bewähren, d.h. ihn politisch zu gestalten in Schritten, die gemeinsames Leben ermöglichen. Die politische Verantwortung für den Frieden unter den Völkern muss sich an der gegenseitigen Anerkennung von unausweichlichen Unterschieden und Differenzen orientieren. Eine solche Verantwortung unterscheidet sich deutlich von der Vorstellung, man könne Gegensätze und Konflikte durch die einseitige Unterwerfung des einen unter den anderen beseitigen. Genauso unangemessen ist es dann aber auch, wenn die Einstellung zur Friedensaufgabe allein an militärischen Gewaltmitteln orientiert ist, mit denen sich Konfliktgegner gegenseitig bedrohen. Denn auch in diesem Falle wird dem politischen Auftrag zum Frieden nicht mehr genügend und selbständig Raum gegeben." (S. 51f)

Es geht um die politische Sicherung des Friedens. Das bedeutet zunächst harte historisch-kritische und aktuelle Analysen der Konfliktlagen zu leisten. Das bedeutet permanente intellektuelle Arbeit mit dem Ziel, die Konfliktursachen zu verstehen und aus ihrer Erkenntnis heraus die notwendigen praktischen politischen Schritte zu ihrer schrittweisen Überwindung anzugehen. Einen besseren Frieden zu erlangen, setzt ein gerüttelt' Maß an historischen, politischen, ökonomischen und kulturellen Kenntnissen voraus.

Und auch dieses ist eine Voraussetzung für besseren Frieden: Sich verstehend in die Lage der Kontrahenten zu versetzen, ihnen zuzuhören und sensibel nach Möglichkeiten zu suchen, mit ihnen zu Kompromissen zu kommen. Jeder eigene Absolutheitsanspruch auf die alleinige Richtigkeit des politischen Verhaltens treibt in die kriegerische Auseinandersetzung. Die Kunst der Diplomatie besteht darin, dass „politische Gegner zu praktischen Vereinbarungen kommen, die sie gemeinsam tragen können." (S. 65)

Der übliche Aufbau von „Feindbildern", die den Gegner zu einem unverbesserlichen Feind stilisieren, macht diesen Prozess kompromissbereiter Vereinbarungen kaum möglich. Deshalb wird eine selbstkritische Analyse des eigenen Verhaltens zum integralen Bestandteil konkreter Schritte auf besseren Frieden hin. Und geboten ist im Vorfeld und im Prozess einer Annäherung eine umfassende Kooperation, die die Gebiete von Wirtschaft, Wissenschaft und Technologie einschließt. Der Vorrang der militärischen Konfrontation muss ersetzt werden durch die Praxis vereinbarter Kooperationen auf den verschiedensten Gebieten. Am Ende verstärkter realer Kooperationen, die ein besseres gegenseitiges Verstehen bewirken, können dann eine effektive Rüstungsminderung und ein vereinbarter Rüstungsabbau stehen. Aber das dürfte ein langer, schwerer Weg werden. Aber er ist geboten, wenn der Weltfrieden eine Chance bekommen soll.

Christen und Kirche werden sich in den Dienst des Abbaus von Kriegsursachen stellen und sich für zwischenstaatliche und internationale Vereinbarungen zur Friedenssicherung einsetzen. Dabei sind sie sich immer der Grenzen einer die Gewalt eindämmenden und die Gewaltpotenziale reduzierenden Weltfriedensordnung bewusst. Sie wissen um die ewige Anwesenheit der Bereitschaft von Machtmenschen und Machtkollektiven zur innen- und außenpolitischen Herrschaft über Menschen und Völker wie zu ihrer Unterdrückung und Ausbeutung. Diese Tendenzen sind eingrenzbar, aber nicht liquidierbar. Man wird mit ihnen und zugleich gegen sie leben müssen.

Und am Ende noch ein schwieriges Problem: Alle in der Zukunft denkbaren friedenspolitischen Lösungen geschehen unter dem Dasein atomarer Vernichtungsgewalt. Die Forderung nach Abschaffung der Atomwaffen wird eine Illusion bleiben. Ihre Entfernung aus dem Waffenarsenal ist mit ihrer Erfindung vergeben worden. Sie sind nicht antiquisierbar. Souveräne Groß- und Mittelmächte werden sich die Existenz von atomar bestückten Waffensystemen nicht nehmen lassen. Es bleibt nur eine reale politische Perspektive: eine solche kooperative Friedenspolitik zu betreiben, die ihren Einsatz unwahrscheinlich macht. Und es muss sogar die Überlegung erlaubt sein, dass die Existenz von Massenvernichtungswaffen größere konventionelle Kriege verhindern kann. Dies „Teufelszeug" (Helmut Schmidt) kann durchaus friedensstabilisierende Funktionen haben.

Wie man auch im Einzelnen denken mag: Der zukünftige Friedensprozess wird anstrengend und immer gleichzeitig gefährlich bleiben. Christen und Kirche werden sich von ihren Voraussetzungen und Möglichkeiten her an der kontinuierlichen Friedenssicherung aktiv beteiligen. Sie werden werben für das Politisch-Werden des Geistes der Nächstenliebe, der Gerechtigkeit, der humanen Menschenrechte, der Völkerverständigung und der Verantwortung für den Erhalt der Schöpfung. Einen „Endsieg" wird es hier nicht geben, aber es kann zwischenzeitliche Erfolge geben. Die Konsequenz: Wir kämpfen für den Frieden, ohne an ihn zu glauben. Die Dramatik der Geschichte lässt keine Illusionen zu, sondern gebietet nur harte kontinuierliche Arbeit, intellektuell-kritische und politische Dauerarbeit.

Die Musik zur Kanzelrede am 1. September 2019

Musik: Ludwig Kaiser, Orgel
Rezitation: Gabriele Krettek

Olivier Messiaen (1908-1992)
Les Mains de l'Abime
Die Hände des Abgrunds, 1951

„Der Abgrund stieß einen Schrei aus, die Tiefe hob ihre beiden Hände empor." Buch Habakuk

„Dieses Stück wird in Zeiten der Buße gespielt. Es wurde in den Bergen geschrieben, in den Hochalpen, beim Anblick der vielen Schluchten, vor den Tiefen und Sturzhängen, im Entsetzen vor dem Abgrund. Symbolisch gesehen ist dieser Abgrund der große Ruf aus dem menschlichen Elend zu Gott.

Anfang und Ende des Stückes: Großes Fortissimo der ganzen Orgel: Der Schrei des Abgrunds.

Mittelteil: Die höchsten und tiefsten Stimmen überlagern sich ohne Vermittlung und vermitteln ein Gefühl des Raumes.

Unten: Das Flehen der Tiefe. In der Höhe: Die Antwort Gottes: luftige, milde, weit entfernte und verborgene Zärtlichkeit." (O. M.)

Johann Sebastian Bach (1685-1750)
Fantasie g-moll, BWV 542a

Die Fantasie g-moll hat auch 300 Jahre nach ihrer Entstehung nichts von ihrer Erstaunlichkeit, nichts von ihrer beeindruckenden Kraft eingebüßt. Die Komposition entstand, als sich Bach 1720 um die Organistenstelle an St. Jacobi in Hamburg bewarb. Die umfangreiche Fantasie gehört zu den harmonisch kühnsten Bachs. Franz Liszt lobte die „kostbare Würze von Bachs Dissonanzen".

Kanzelrede: Der „Frieden" – ein nie erledigtes Thema

Johann Sebastian Bach (1685-1750)
Aus tiefer Not schrei ich zu dir
a 6, in Organo pleno con Pedale doppio

Aus tiefer Not schrei ich zu dir, Herr Gott, erhör mein Rufen.
Dein gnädig Ohr neig her zu mir und meiner Bitt sie öffen;
Denn so du willst das sehen an, was Sünd und Unrecht ist getan,
wer kann, Herr, vor dir bleiben.

Rezitation: Christa Wolf (1929-2011)
Das Vergangene ist nicht tot, aus: Kindheitsmuster

Olivier Messiaen (1908-1992)
Prière

„Mein Duft und meine Süße, mein Friede
und meine Sanftheit" – Gebet des heiligen Bonaventura
aus: Livre du Saint Sacrement, 1984

Arno Lohmann

„Suche Frieden und jage ihm nach"
Predigt über Psalm 34,15

Liebe Gemeinde,

wir beginnen unsere Vortragsreihe zur Erinnerung an den Beginn des Zweiten Weltkriegs mit einem Gottesdienst. Aus gutem Grund. An diese Katastrophe können wir nicht erinnern, wie an irgendein Datum in der Geschichte. Was vor 80 Jahren von Deutschland aus über Europa und weite Teile der Welt hereinbrach, diese zweite Katastrophe des 20. Jahrhunderts, ist der Abgrund menschlicher Barbarei. Es ist die Zeit unserer Väter und Großväter, unserer Mütter und Großmütter. Viele Kriegskinder und Kriegsenkel, darauf hat die Schriftstellerin Sabine Bode hingewiesen, tragen bis heute die mehr oder weniger verarbeiteten traumatischen Erinnerungen ihrer Eltern als Prägungen mit sich. Bis heute ist unsere (Welt-)Politik von dieser Katastrophe grundlegend bestimmt. Das Erinnern fällt uns bis heute schwer. Zu oft flüchten wir im Erinnern an den Krieg in das Aufzählen reiner Fakten. Es reicht nicht aus, sich zu entsetzen. Und trauern können wir nur über konkrete Schicksale einzelner Menschen.

„Suche Frieden und jage ihm nach" –, in diesen Worten erkennen wir die nötige Orientierung. Es ist die Jahreslosung aus Psalm 34, Vers 15. Dieser kurze Satz aus dem Gebetbuch Israels aus dem Alten Testament der Bibel ist zugleich die finale Zusammenfassung aller christlichen Ethik. Ausführlicher heißt der Satz: *„Willst du gut leben und gute Tage sehen? Dann: Behüte deine Zunge vor dem Bösen und deine Lippen, dass sie nicht Trug reden, wende dich ab vom Bösen und tu Gutes; suche Frieden und jage ihm nach"*. Ohne die Einsicht in die bleibende Verantwortung für den Frieden untereinander und für die Völkergemeinschaft können wir nur scheitern im Gedenken an den Zweiten Weltkrieg.

„Seit 5.45 Uhr wird jetzt zurückgeschossen!" Diese Lüge Adolf Hitlers am 1. September 1939 sollte den einseitigen Überfall der deutschen Wehrmacht auf Polen rechtfertigen. Nur acht Tage nach Unterzeichnung des Hitler-Stalin-Paktes griff Deutschland Polen ohne Vorwarnung an. Mit dem Zerbomben der Stadt Wielun mit 1.200 Toten löste Deutschland in Europa den Zweiten Weltkrieg aus. In den 6 Jahren, die er dauerte, starben mehr als 60 Millionen Menschen. Die genaue Zahl lässt sich nicht bestimmen, es ist eine immer unvorstellbare Zahl. Die meisten der Opfer waren Zivilisten, vor allem aus der Sowjetunion und aus Polen.

Der Zynismus ist kaum zu fassen, aber am selben Tag wurde in der Berliner Reichskanzlei „normal" weitergearbeitet: Adolf Hitler unterzeichnete am 1. September 1939, während in Polen der Krieg begonnen hatte, den sog. Euthanasie-Erlass: Ärzte und Psychiater bekamen die Macht, sogenannte „unheilbar" Kranke, Geisteskranke und körperlich Behinderte den sogenannten „Gnadentod zu gewähren". Dieses „Euthanasie"-Programm bezog sich vor allem auf jüdische Bürger in Deutschland. Der Euthanasie-Paragraf bedeutete:

- Mehr als 5.000 mongoloide und spastisch gelähmte Kinder, die in Heimen lebten, sollten getötet werden.
- 70.000 Erwachsene, darunter Geistesgestörte, Epileptiker und Körperbehinderte, sollten ins Gas oder erschossen werden.
- Die Tötungsmaschinerie, die erst nur im Deutschen Reich geplant war, sollte auch auf die besetzten polnischen Gebiete ausgeweitet werden.

Einer der Zeugen dieser Tötungsmaschinerie war der Leutnant der Wehrmacht Peter von der Osten:

„Es war immer ganz still, ich habe kein Schreien gehört, ich habe kein Jammern gehört. Sie wurden von den Deutschen zwar angetrieben, aber alles ohne Schreien. Es war so eine Todesstille, könnte man sagen, die über dem Ganzen lag, etwas sehr Bedrückendes."

Diese beiden Ereignisse am 1. September 1939 in Deutschland machen den ganzen Wahn der nationalsozialistischen Ideologie deutlich:

In beiden Ereignissen, dem Überfall auf Polen und dem Euthanasie-Paragrafen kommt eine absolute Hybris zum Ausdruck, die blinde Steigerung menschlicher Macht bis zum Herrenmenschenwahn, der meint, ganze Völker zu Untermenschen erklären zu dürfen und alle und alles, was schwach und hilfsbedürftig wirkt oder dazu gemacht wird, vernichten zu dürfen, ja zu müssen. Es ist eine aus Hass und Abscheu geborene Vernichtungswut, die irre Vorstellung von menschlicher Größe, die sich bis ins Absolute und Elitäre hineinsteigert.

Das sind die Kennzeichen des Nationalismus. Er führt immer zum absoluten Vernichtungswillen gegen die Verachteten – und am Ende zum Krieg. Dieser Wille zur Vernichtung hat das Deutsche Reich in seiner Ideologie von Anfang an bestimmt. Prof. Faulenbach wird das in seinem Vortrag am Dienstag aufweisen.

Der ganze Wahn gipfelte in der Schoa. 6 Millionen europäische Juden fielen mit anderen Gruppen diesem nationalsozialistischen Rassewahn zum Opfer. In weiten Teilen Europas war jüdisches Leben ausgelöscht. Und die Menschen, ihre Namen und ihre Schicksale sollten vergessen werden. – Ich erwähne hier mit Dank und Anerkennung den Bochumer Historiker Dr. Hubert Schneider, der für unsere Stadt in beachtenswerter Forschungsarbeit die Schicksale der Bochumer jüdischen Menschen recherchiert und den ehemaligen Nachbarn und Mitbürgerinnen Namen und Geschichte bis heute zurückgegeben und erstmals Überlebende nach Bochum eingeladen hat. Um es vorweg zu sagen: Das ist, „den Frieden suchen."

Dieser Krieg hatte eine Vorgeschichte: Die in Deutschland noch junge Weimarer Demokratie wurde systematisch ausgehöhlt. Wir werden an diese Vorgeschichte in dieser Woche mit den Beiträgen von Prof. Brakelmann erinnern. Weite Teile der Gesellschaft haben entweder aus Gleichgültigkeit, Angst oder Überzeugung dieser Entwicklung nichts entgegengesetzt. Eine besonders unrühmliche Rolle spielte dabei auch unsere evangelische Kirche. Durch ihre durchgehend negative Beurteilung der Weimarer Republik und die Begeisterung für den

Reichskanzler Adolf Hitler verhalf sie den Nationalsozialisten an die Macht. Damit wurde Schritt für Schritt die Schoa zugelassen und der Krieg hingenommen, der die ganze Welt umspannte und erst nach dem Einsatz von Atomwaffen endete.

Nach dem Zweiten Weltkrieg entstand eine bipolare Weltordnung. Seitdem leben wir in einer Welt, die in Blöcken geteilt ist und in dieser Bipolarität bis heute denkt, handelt und wirtschaftet mit einer gegenseitig auf Abschreckung basierten atomaren Hochrüstung.

Liebe Gemeinde, ich erinnere deshalb so ausführlich an diese bekannten Fakten, weil sich die biblische Botschaft vom Frieden Gottes wie auch jede christliche Friedensethik nicht unabhängig von konkreter Geschichte begreifen lässt.

„Suche Frieden und jage ihm nach" –, ist eben mehr als „ein bisschen Frieden und etwas weniger Traurigkeit". Der Psalmbeter kennt sehr genau das Elend der Unterdrückten, die Ungerechtigkeit durch die Spaltung in Arm und Reich und das Leiden derjenigen, die Gerechtigkeit einfordern. Vom Frieden nur zu reden, ohne zu wissen, von welchen Konflikten man spricht, ist Luxus. Den Frieden wollen, aber Konflikte nicht lösen zu wollen, ist zynisch. Den Frieden allgemein zu wollen, das sind Sonntagsreden.

Wir führen zerstörerische Handelskriege, nur um den eigenen nationalen Vorteil zu steigern. Wir schließen Wirtschaftsverträge, die ganze Gesellschaften verarmen lassen. Wir erheben uns in einem ausbeuterischen Krieg gegen unsere eigene Erde, zur Sicherung von Rohstoffressourcen. Kinder müssen uns darauf aufmerksam machen, dass wir ihre Zukunft zerstören. Jahrzehnte lang mühsam ausgehandelte Verträge zur Abrüstung, wie der INF-Vertrag gegen atomar gestützte Mittelstreckenwaffen in Europa, werden mit einem Federstrich gekündigt, um im Asien-Pazifik-Raum gegen China aufrüsten zu können. Im Verhältnis zu Russland herrscht Eiszeit. Weltweit, in Europa und auch in Deutschland entsteht erneut ein leichtfertiges völkisch-nationalorientiertes Gerede gegen Europa, das jahrzehntelang politischer Garant für den Frieden war.

Dem Frieden nachjagen bedeutet hier konkret, hartnäckig und weiterhin an Diplomatie für unsere Welt, für Europa festzuhalten, trotz aller Widerstände.

Die größte Gefahr aber droht dem Frieden durch das Wettrüsten, das in der Geschichte immer den Kriegen vorausläuft. So war es vor 80 Jahren, und in dieser Gefahr stehen wir bis heute. Wir sind trotz der Abrüstungserfolge in den vergangenen Jahrzehnten inzwischen wieder in einem neuen Rüstungswettlauf gefangen. Es gehört zum Ungeheuerlichsten überhaupt, dass wir weltweit Jahr für Jahr die einfach nicht vorstellbare Summe von 1.822 Milliarden US-Dollar für Rüstung ausgeben.[93] Diese Hochrüstung tötet Jahr für Jahr Menschen, weil wir ihnen riesige lebensnotwendige Ressourcen vorenthalten, die unsere Hochrüstung verschlingt. Und Deutschland soll nachrüsten, in diesem Jahr mit 85 Mrd. Euro. Wir können nicht mehr mit einer Abschreckungslogik argumentieren. Die Abschreckung „wenn du schießt, stirbst du auch", wird zunehmend brüchig, weil sie hundertfach unterlaufen wird durch grauenhafte Stellvertreterkriege. Während die Großmächte ihre Nuklearwaffen modernisieren, müssen wir alle Bemühungen unterstützen, die sich dafür einsetzen, die atomaren Risiken zu verringern und eine Friedenspolitik betreiben, die den Einsatz dieser Waffen mehr und mehr unwahrscheinlich macht.

„Suche Frieden und jage ihm nach"! Das ist der Kontrapunkt Gottes mitten in all unserem Rüsten und Vergeuden und Sichern und Habenwollen, in aller Hybris und aller Verachtung gegen Andere oder Fremde. Es ist die Gegenorientierung der Bibel zurück zum Leben, zum „guten Leben", zu „schönen Tagen", wie es nur vordergründig visionärschwärmerisch im Psalm heißt. Um es radikal auf den Punkt zu bringen: Unsere Zukunft hängt ganz und gar davon ab, ob wir „den Frieden suchen".

---

[93] Internationales Friedensforschungsinstitut in Stockholm, SIPRI

Im Psalm erinnert sich die Beterin oder der Beter an Gottes Barmherzigkeit: „Er rettet mich", heißt es, „er lässt mein Angesicht strahlen", er sendet seinen „Engel, der mich beschützt", er klärt mich auf, dass „Reichtum nicht satt macht", sondern ein Leben in Beziehung zu ihm, dem lebendigen Gott, zum Nächsten und zum anderen, auch fremden Menschen. Diese Beziehungen machen das Leben reich, darin finden wir Sicherheit und Lebensfülle. – So buchstabiert Psalm 34 die Treue Gottes.

In diese Orientierung lädt uns der Psalm ein. „Dem Frieden nachjagen" – das soll die Grundhaltung unseres Lebens sein, für unser Denken und für jedes Handeln. „Nachjagen" heißt es hier – das hebräische Wort für nachjagen, *radaf*, bedeutet aber nicht nur ein Suchen nach etwas Verlorenem, das man auch aufgeben könnte, nein, es meint vielmehr, ganz hartnäckig und dauerhaft hinter etwas her sein. „Mach Frieden" – das soll unsere lebenslange Grundhaltung sein, wollen wir gute Tage sehen. So gewiss sich der Friede auf uns verlassen kann, so gewiss werden wir uns auf Gottes Treue verlassen können.

Und wenn wir auf Jesus blicken?

Er ruft Menschen nicht zu sich, damit sie Frieden für sich finden, nein, er ruft Menschen in eine Friedensbeziehung zu Gott, damit sie Frieden stiften. Er ruft zu einer Versöhnung, die immer ein Nehmen und Geben bedeutet. Er ruft Menschen nicht in ein frommes Nest, er ruft in seine „Nachfolge". Nachfolge ist ein Leben in einer neuen Beziehung zu sich, zu anderen, zu Gott. Ein Verhältnis der Achtung und Wertschätzung, der Kenntnis von sich und von anderen und immer gleichzeitig eine neue Gemeinschaft von durchaus unterschiedlichen Menschen. Der Jenaer Soziologe Hartmut Rosa nennt das eine „Resonanzbeziehung". Sie ist nicht in erster Linie bestimmt von Harmonie, sondern von meiner Bereitschaft, mich durch den Menschen, der mir jeweils begegnet, anrühren und auch verändern zu lassen. Auch von Kunst, von der Natur, mich in eine Beziehung bringen zu lassen, die mich berührt und staunen lässt und mich verändert, in der ich aber dann auch selbst förderlich wirksam bin.

Was ich dazu tun kann? Die Antwort gibt uns die Jahreslosung: *„Behüte deine Zunge vor Bösem und deine Lippen, dass sie nicht Trug reden. Lass ab vom Bösen und tu Gutes; suche Frieden und jage ihm nach"*. Oder anders formuliert: Achte auf deine Sprache und tritt der Verrohung der Sprache entgegen. Überprüfe deine Feindbilder und lass nicht zu, dass sie dein Denken und Handeln bestimmen. Lass dich nicht einspannen in eine Kriegslogik, weder im Kleinen noch im Großen. Sei dir bewusst, wie du über andere redest.

Sei bereit, Konflikte wahrzunehmen und zu benennen und entscheide dich, sie lösen zu wollen. Suche die Informationen, die du dazu brauchst.

Unterstütze die dir bekannten Politikerinnen und Politiker in ihrem Bemühen um diplomatische Lösungen in einer Friedenslogik.

Wage es, „Vielheit couragiert zu leben" (der Begriff stammt von Hannah Arendt) und wende dich gegen die gesellschaftliche Hilflosigkeit, die mit Fremden oder „Anderen" nicht umgehen kann. Wende dich gegen jede politische Agitation gegenüber Migrantinnen und Migranten oder sozial Benachteiligten.

Dieser Geist darf in Deutschland nie wieder Macht bekommen. Und wer bedroht wird, verdient staatlichen Schutz.

So buchstabiere ich den Vers aus Psalm 34 und so konkret verstehe ich die Friedenslogik Jesu. In seiner Bergpredigt lautet unser Psalmvers: *„Selig sind, die Frieden stiften, denn sie werden Gottes Kinder heißen."*

Darum, liebe Gemeinde, müssen christliche Gemeinden Denkfabriken des Friedens sein. Lernorte, an denen Konflikte nicht verschwiegen werden, sondern benannt und analysiert werden können, wo Konfliktlösungsstrategien zu den Kernkompetenzen gehören, wo gewaltfreie Kommunikation gelernt, ausprobiert und eingeübt wird.

In diesem Geist verstehen wir die vor uns liegende Vortragsreihe der Stadtakademie, die an den Beginn des Zweiten Weltkriegs vor 80 Jahren erinnert. Wir brauchen das historische Wissen über die Ursachen dieser Katastrophe, und wir brauchen das Gespräch untereinander, wie wir angesichts dieser Erinnerungen heute die Friedenslogik Jesu Christi lernen und in ihrem Licht dem Frieden nachjagen können.

Amen.

Das folgende Gebet ist eigentlich anonym, wird dem heiligen Franz von Assisi zugeschrieben. Die Betenden bitten Gott, sie an seinem Frieden mitwirken zu lassen.

Herr, mach mich zu einem Werkzeug deines Friedens,
dass ich liebe, wo man hasst;
dass ich verzeihe, wo man beleidigt;
dass ich verbinde, wo Streit ist;
dass ich die Wahrheit sage, wo Irrtum ist;
dass ich Glauben bringe, wo Zweifel droht;
dass ich Hoffnung wecke, wo Verzweiflung quält;
dass ich Licht entzünde, wo Finsternis regiert;
dass ich Freude bringe, wo der Kummer wohnt.

Herr, lass mich trachten,
nicht, dass ich getröstet werde, sondern dass ich tröste;
nicht, dass ich verstanden werde, sondern dass ich verstehe;
nicht, dass ich geliebt werde, sondern dass ich liebe.
Denn wer sich hingibt, der empfängt;
wer sich selbst vergisst, der findet;
wer verzeiht, dem wird verziehen;
und wer stirbt, der erwacht zum ewigen Leben.
Amen.

Die Autoren

Dr. h.c. Annette Kurschus ist Präses der Evangelischen Kirche von Westfalen, stellvertretende Vorsitzende des Rates der Evangelischen Kirche in Deutschland und Beauftragte des Rates der EKD für die Beziehungen zu den polnischen Kirchen.

Professor Dr. Bernd Faulenbach ist Historiker an der Ruhr-Universität Bochum mit den wissenschaftlichen Schwerpunkten: Deutsche und europäische Geschichte des 20. Jahrhunderts, insbesondere Geschichte von Demokratie und Diktatur, Geschichte der Bundesrepublik und der DDR, Geschichte der Arbeiterbewegung, Ideengeschichte, Historiographiegeschichte und Geschichte der Erinnerungskulturen. Er ist Mitglied zahlreicher Gremien von Wissenschaft, Kultur und Politik, insbesondere in Einrichtungen der Erinnerungskultur, so ist er seit 2015 Bundesvorsitzender der Vereinigung „Gegen Vergessen – Für Demokratie e.V." Von 1982 bis 2007 war er stellvertretender Direktor des Forschungsinstituts für Arbeiterbildung bzw. Forschungsinstituts Arbeit, Bildung, Partizipation (FIAB) in Recklinghausen. Von 1998 bis Anfang 2016 stellvertretender Vorsitzender der Bundesstiftung zur Aufarbeitung der SED-Diktatur, war Mitglied der deutsch-russischen Historiker-Kommission, seit 2002 Mitglied der wissenschaftlichen Leitung des Editionsprojektes Dokumente zur Deutschlandpolitik des Bundesarchivs u.a., zahlreiche Veröffentlichungen.

Professor Dr. Günter Brakelmann war von 1972 bis 1996 Lehrstuhlinhaber für Christliche Gesellschaftslehre und neuzeitliche Geschichte an der Fakultät für Evangelische Theologie der Ruhr-Universität Bochum. 1985 war er maßgeblich beteiligt an der Gründung des Vereins zur Erforschung der Kirchen- und Religionsgeschichte des Ruhrgebiets. Seine Forschungsschwerpunkte sind Kirchengeschichte im Kontext der nationalen und internationalen Geschichte, die soziale Frage seit Beginn des 19. Jahrhunderts, die Geschichte des Antisemitismus und die Geschichte des Widerstandes gegen den Nationalsozialismus sowie der Kirche in der Zeit der beiden Weltkriege.

Jürgen Larys ist Schauspieler und Regisseur an deutschen Stadttheatern, Leiter und Mitbegründer des artENSEMBLE THEATERs, Bochum, Dozent am Michael-Tschechow-Studio, Berlin, und an der THEATER-AKADEMIE-STUTTGART.

Professor Dr. Dieter Beese ist seit 2007 Professor (apl.) für Praktische Theologie an der Evangelisch-Theologischen Fakultät der Ruhr-Universität Bochum. Er war 2014 bis 2018 Landeskirchenrat der Evangelischen Kirche von Westfalen, von 2012 bis 2014 Dozent für Gemeindepädagogik und Diakonie an der Evangelischen Hochschule RWL Bochum und von 1991 bis 2001 Lehrbeauftragter der EKD für Ethik im Polizeiberuf an der Polizei-Führungsakademie in Münster-Hiltrup.

Professor Dr. Traugott Jähnichen ist Lehrstuhlinhaber für Christliche Gesellschaftslehre an der Evangelisch-Theologischen Fakultät der Ruhr-Universität Bochum, Mitglied der Kirchenleitung der Ev. Kirche von Westfalen, stellvertretender Vorsitzender der Kammer für soziale Ordnung der EKD, Mitglied des Ständigen Theologischen Ausschusses der Landessynode der EKvW, Mitglied des Ständigen Ausschusses für Weltmission, Ökumene und kirchliche Weltverantwortung der Landessynode der EKvW und Vorstandsvorsitzender der Evangelischen Stadtakademie Bochum.

Dr. Norbert Friedrich ist Vorstand der Fliedner-Kulturstiftung Kaiserswerth, Düsseldorf. Arbeitsschwerpunkte: Diakonie und Sozialgeschichte im 19. und 20. Jahrhundert, Kirchengeschichte des Ruhrgebietes.

Dr. Hans Misselwitz studierte Biologie und Biophysik in Jena und Berlin und war von 1974 bis 1981 Wissenschaftlicher Assistent in der medizinischen Grundlagenforschung. Danach studierte er Theologie, war bis 1990 Pfarrer in Hennigsdorf bei Berlin. 1990 wurde er Mitglied der Volkskammer und war Parlamentarischer Staatssekretär im Außenministerium der letzten DDR-Regierung. Er war der Leiter der Delegation der DDR bei den Zwei-plus-Vier-Verhandlungen; von Oktober bis Dezember 1990 Mitglied des Deutschen Bundestages, von 1991 bis 1999 Leiter der Landeszentrale für politische Bildung in Brandenburg und ist Mitglied der Grundwertekommission der SPD.

Ludwig Kaiser ist seit 1996 Kantor an der Melanchthonkirche Bochum, Leiter der Kantorei und Veranstalter im „Kulturraum Melanchthonkirche"; seit 1998 Lehrbeauftragter an der Ev. Hochschule Rheinland-Westfalen-Lippe in Bochum. Seit 1999 ist er künstlerischer Leiter der Bochumer Tage für Neue Musik und seit 2008 Mitveranstalter des Orgelfestival Ruhr.

Arno Lohmann ist Pfarrer (i.R.) und war von Januar 2009 bis März 2020 Leiter der Evangelischen Stadtakademie Bochum. Von 1989 bis 2007 leitete er die Evangelische Tagungs- und Bildungsstätte Nordhelle in Meinerzhagen-Valbert.